私鉄3.0

沿線人気NO.1東急電鉄の戦略的ブランディング

東浦亮典

ワニブックス
|PLUS|新書

はじめに

東急電鉄という会社は社名に「電鉄」の名を冠していますが、実は「電車だけ」の会社ではありません。そう言うと、皆さんはびっくりするのではないでしょうか。

もちろん私たちの日々の商売の大きな軸となるのは鉄道です。ただし、私たちは鉄道単体で稼いでいるわけではありません。東急は電車だけの会社ではない。ではなんの会社なのか。もちろんそれぞれの部署で担っている責務は違いますし、それぞれの想いは異なることでしょう。

しかし、私はこう思っています。東急電鉄は「まちづくりデベロッパー」である。会社の沿革を知れば、私の言う意味がわかっていただけるかもしれません。

私は1985年に東急電鉄に入社し、ほぼ一貫して都市開発部門で社歴を重ねてきました。鉄道業務は最初の1年目の現場研修以外は経験をしていません。

東急は私鉄各社の中でも比較的良い企業・沿線イメージを抱いていただくことが多く、住みたい路線、駅などで常に上位にランクインしています。東急沿線全体では幅広い年代で社会的・経済的な立場もバラエティー豊かな層が居住していますが、一般に東横線沿線には比較的感度の高い若い世代が住んでいるというイメージがあり、田園都市線沿線は経済的にも裕福な人々が住んでいるイメージがあるようです。

このブランドイメージは一朝一夕に確立されたものではありません。長い歴史の積み重ね、そして、現在まで続く沿線経営戦略と先人たちの努力の賜物だと考えています。

この長い歴史と幅広い事業分野について、たった一人の人間が語り尽くせるというものでないことは私自身も充分理解しています。しかし、**研究者や評論家ではない、現役の東急電鉄に在籍する、都市開発をやってきた人間の視点で、東急電鉄の歴史と沿線経営の概要を語ったものはいくつかの小論文以外ほとんど存在しません。**

東急電鉄が2022年に前身の目黒蒲田電鉄創立から100周年を迎えるという今、改めてそういう機会があっても良いのではないかと考え本書の執筆に至りました。

第1章では大正期からの日本の社会経済、まちづくりの歴史を紐解きながら、東急電鉄の会社設立の経緯、なぜ東急がまちづくりデベロッパーと呼ばれるようになったのかをご説明します。

第2章では東急の成長の原動力となった「多摩田園都市」の開発について、第3章では長い歴史の中で培われてきた「東急らしさ」、つまりその社風について私なりの分析をさせていただきました。

第4章ではその歴史の積み重ねによって培われた独自のブランド力について、第5章ではその中でも人気の街の魅力や今後の可能性について考察を重ねました。

第6章では私が企画開発を担当してきた具体的プロジェクトを通じて、東急が取る沿線戦略のあるべき方向について、第7章では「次世代郊外まちづくり」という郊外住宅地再生事業を通して、東急沿線の未来のまちづくり戦略および課題などについて、それぞれ描いていきたいと思います。

そして最後の8章では、この書籍のタイトルとなった「私鉄の未来＝『私鉄3・0』」を掲げる私なりの考えを述べさせていただきました。


100年近い長い歴史は、常にうまくいったことばかりではなく、企業存続の危機とも言える試練も乗り越えてきました。とかく歴史書は勝者の歴史、成功の物語ばかりが伝えられていますが、本書では過去の失敗や苦悩にも触れて、むしろそこからどういうことを学び、成長の糧としてきたかについても表現できればと思っています。

私の入社以前の時代のことなどは、過去の資料からの推察や伝聞情報で語るしかありませんし、歴史は人の見方によって評価も異なるので、あくまでも私の視点からの表現になってしまう点はあらかじめご容赦下さい。

目次

第5章 東急沿線で人気の街 115

第1章　東急の成り立ち

「田園都市」がそもそもの始まり

２０１８年９月２日、東急田園都市線、大井町線二子玉川駅付近で、「洗足・大岡山・田園調布まちづくり１００周年シンポジウム」が盛大に開催されました。会場となったのは、二子玉川ライズという、市街地再開発事業によってできた複合施設のオフィスビル棟の中にある東京都市大学のサテライトキャンパス「夢キャンパス」です。

東京都市大学の涌井史郎先生による基調講演に続き、東京工業大学の中井検裕先生のコーディネートにより、ＮＰＯ法人日本都市計画家協会の小林英嗣会長、ＮＰＯ法人共存の森ネットワークの澁澤寿一理事長、東京藝術大学の藤村龍至先生、東京工業大学の真田純子先生と私（東浦）というメンバーで「郊外住宅地の明日」というテーマでパネルディスカッションを行いました。

東急電鉄の正史では、１９２２年の目黒蒲田電鉄設立が東急電鉄の前身として位置付けられています。しかしその４年前の１９１８年、明治～大正期に日本の資本主義の基礎となる企業設立や産業育成に多数関わってきた渋沢栄一が設立した「田園都市株式会社」という会社がありました。この会社こそが、「まちづくりデベロッパー」東急電鉄の礎《いしずえ》となったと言っても過言ではありません。パネルディスカッションでは田園都市株式会社から現在まで連綿と続くまちづくりについて活発な議論が交わされました。

名前からも想像がつくように、「田園都市株式会社」は洗足田園都市や田園調布といった住宅地を開発販売する会社でした。

会社設立の趣意書を読むと、宅地建物販売だけでなく、「総合的なまちづくり」「生活産業展開」を最初からイメージしていたようです。

そのビジネスモデルの前提には近代都市計画の祖とも呼ばれるイギリスの都市計画家・社会改良家エベネザー・ハワードが19世紀末に提唱した「Garden City（田園都市）」が土台にありました。

「田園都市」とは産業革命以降、大都市の外縁部に造られた計画的な衛星都市のことです。当時のロンドンは人口急増で超過密都市となり、また当時の主たるエネルギー源が石炭だったことで、煤煙《ばいえん》によって空気は汚染され、衛生上極めて劣悪な都市環境に陥ってしまっていました。そこで考案された田園都市とは、緑地公園、道路などを広くとり、田園的要素を持つ郊外の理想都市のことを指しました。

このコンセプトは当時世界的に大流行し、日本ではいち早く阪急電鉄の創始者である小林一三がそのモデルを日本に取り入れて大成功を収めていました。

渋沢栄一は何度かの欧米視察の折に、そうした本場の田園都市をその目で見て、東京の都市化、人口流入を見越して、日本にもこうした計画的な住宅地の開発が必要だと認識したのです。そして理想的な住宅地「田園都市」として1922年に洗足田園都市の分譲を始めました。これは現在の目黒線洗足駅一帯にあたります。

田園都市の定義は簡単に言ってしまえば、中心都市周辺の緑豊かな環境を備えた土地に職住近接の衛星都市を建設する構想のことです。それには、病院や娯楽施設など生活に必要となる諸施設が近くにあることも大事でした。

イギリスの田園都市は、いわゆる労働者に向けた住宅地でありましたが、当時のパンフレットによれば洗足田園都市は主に上流階級の少し下に位置する中産階級に向けたものだったようです。

　ところで、東急の始まりとなった田園都市ですが、会社の原点であるエベネザー・ハワードが造った本場のガーデンシティであるイギリスのレッチワース、ウェリンなどを視察して勉強してきたという人は、私が入社以来、社内にはほとんどいませんでした。遠い昔、渋沢栄一らが目にした理想郷。「おそらくこういうものだろう」と日本流にアレンジして設計図に描いたものを、その後進たちはただひたすらに造っては売っていく仕事をしてきたのです。

　かく言う私も入社以来ずっと都市開発の仕事に従事しながら、本家ガーデンシ

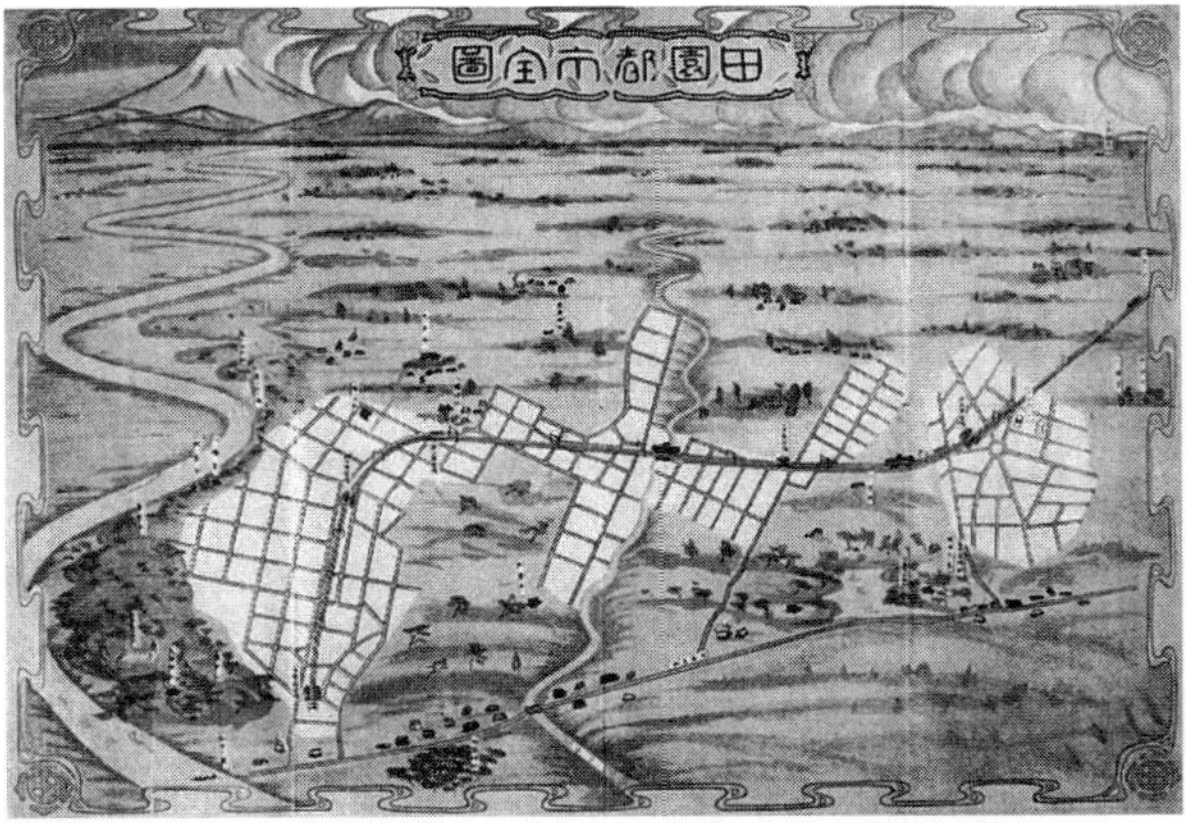

開発前に描かれた田園都市のイメージ図

ティを見る機会はありませんでした。しかし、2018年に田園都市株式会社から創立100年という記念すべき日を迎える前に、やはり自分の眼でハワードが産み落とした本家ガーデンシティが今どのようになっているのかを見ておきたいという強い気持ちがむくむくと湧いて、プライベートで渡英することにしました。

イギリスで見た本場の「ガーデンシティ」の魅力

私は日本に住む何人かのイギリス人にレッチワースについて聞いたことがあります。しかし、誰一人ガーデンシティについて知っている人に出会ったことはありませんでした。

もしかして都市計画や都市開発に携わっている人だけが覚えているだけで、今のレッチワースはイギリス内でも忘却のはるか彼方、誰からも忘れ去られた荒廃した小さな田舎町になってしまっているのではないか。そんな悪い予感を持って、ハリーポッターで有名なキングスクロス駅から郊外行きの列車に乗り込みました。

40分かからずして、レッチワース駅に到着。小ぶりですが煉瓦造りの瀟洒《しょうしゃ》な駅舎から一歩外に出ると、もうそこはレッチワースの街中です。地図を頼りに街中を散策し始めて、すぐに私は驚きと感動を禁じ得ませんでした。

ヨーロッパの街は、アジアの街と比較すると総じて整然と美しい街並みを維持しているものですが、このレッチワースも115年もの時を重ねて、朽ちるどころか、おそらく開発当時の雰囲気を色濃く残したまま、きちんと手をかけられた美しい街並みを維持していたのです。そして、人々が日々の生活を豊かに送って

自然と調和がとれたレッチワークスの街並み

いる様子が手に取るように感じられました。

歴史、風格、自然、誇り、豊かさ。街中にはハワードの足跡を示す胸像や公園、歴史を伝える記念館などがそこかしこに残されており、ここに住む住民たちがその功績に感謝と尊敬の念を忘れずに生活していることに感動しました。

開発当初の理想と変わった点もあるでしょう。ところどころに空き家があったり、街の高齢化も感じられましたが、そこにはハワードのまちづくりの理念がしっかりと息づいていると感じました。

田園都市株式会社は1922年に洗足田園都市、1923年に多摩川台地区（現在の田園調布）の分譲を開始しました。そして、そこに居住する住民への交通利便性確保のため鉄道事業を目的とした子会社を設立し、鉄道を敷設します。住宅地開発・販売を目的として、手段のために鉄道事業が進められていったことがわかります。

田園都市株式会社を設立した渋沢栄一・秀雄親子の頭には、常に阪急電鉄の祖である小林一三の存在がありました。渋沢親子は欧米各国を訪問し、日本の田園都市建設の参考とします。しかし開発と運営のノウハウがない。実際に自分たちで事業をスタートしたものの、なかなかうまくいかなかったため、「関西ですでに同様の事業を成功に導いていた小林一三に知恵を借りたらどうか」という助言を受け、アドバイザー就任を依頼したのです。

しかし、小林は自身の活動エリアが関西であり、東京へは頻繁に行けないことを理由に、当時鉄道院出身ですでに武蔵電気鉄道（後の東京横浜電鉄、現在の東横線の母体）の経営に携わっていた五島慶太を推挙します。

当時の五島は40歳そこそこの働き盛りで、西武グループの創始者である堤康次郎とよく対比されることがあるように、豪胆かつ実行力があり広く注目されていたようです。

創設間もない目黒蒲田電鉄は、まだ経営状態も不安定でしたが、そこに経営参加した五島慶太が基礎を作り、戦後、息子の五島昇の時代にグループ経営を安定させます。五島家二代で東急電鉄の屋台骨を作ったと言えるでしょう。

よく、「五島家とは東急にとって何なのか？」という質問を受けることがあります。創設者でもないし、資本力で会社を支配したわけではないので、まさに「中興の祖」と言えるでしょう。五島親子のおかげで東急グループは大きく発展していったのです。

ビジネスモデルをなぞれなかった東急

日本の私鉄のビジネスモデルは小林一三が作ったと言われています。

まずは鉄道の沿線に住宅地を開発する。ターミナル駅には買い物に便利な百貨店をおく。郊外に娯楽施設を造る。こうすることで鉄道需要も安定しますし、実際に小林が率いた阪急電鉄は成功を収めてきました。

その後、私鉄各社はこのビジネスモデルを丁寧になぞっていきました。新宿や池袋には私鉄系百貨店がありますし、終端には西武園があったり、箱根があったり、観光や娯楽施設が配置されました。

ただ、東急には他社私鉄のような観光地がありませんでした。そこが現在においても他社私鉄と決定的に違う点です。私鉄各社の多くは、郊外への需要喚起のために温泉観光や神社仏閣参拝などをかかえています。東武線は日光、京浜急行は三浦海岸、小田急は箱根といった具合です。しかし東急にはそれがありません。

田園都市株式会社が描いていたのは、理想的な衛星都市を造ることでした。当時の東京下町は不衛生で、都市基盤も脆弱《ぜいじゃく》で火災や自然災害が起きたら一発で甚大な被害を蒙ることが予想される状況でした。

その時代に必要とされていたのは、東京に急増する中産階級のサラリーマンが住む住宅地です。彼らは自分で会社を経営しているわけではないので、都心に勤め先がありま す。つまり通勤をしなくてはいけません。

そのために電車を使ってもらう。まずは街を造り、そしてそこに住む人のために鉄道を敷く。**目的ではなく、手段としての鉄道がここに完成しました。**

震災で洗足田園都市が売れる

理想の衛星都市建設にあたり、田園都市株式会社はまず事業用地の買収を開始しました。この時、買収の対象としたのは洗足、大岡山、多摩川台（現在の田園調布）の3地区です。

1922年に目黒からの鉄道の敷設の認可が下り、目黒駅～沼部駅間の工事がスタート。同時に洗足田園都市の分譲も始まりました。

実は田園都市が注目される大きなきっかけとなったのが、関東大震災でした。1923年に都心を襲った未曽有の災害は、多くの被害者・被災者を出しました。東京の中心街は文字通り灰燼《かいじん》に帰したのですが、そのことが田園都市の安全性を評価してもらえる契機となりました。

「やはり田園都市は安全だ」

震災の恐怖を肌身で感じた人々は、被害がほとんどなかった田園都市に飛びつきました。震災以降、分譲地は一気に売れたそうです。

多摩川台（田園調布）住宅地の航空写真（1932年）

震災がそれまで日本人になじみのなかった田園都市移住への追い風となったのは間違いないでしょう。

会社もその好機を逃さず、洗足に続き田園調布も売り切り、大きな利益を上げました。洗足と田園調布が売れた理由は、安全性はもちろん、距離的にも都心へ近いことが挙げられるでしょう。**計画的な住宅地に、鉄道という動脈がきちんと確保されている。車や徒歩ではなく電車で通勤できる。**これは当時の人々には大きな魅力に映ったようです。軍関係者や社会的にステータスがある人がこぞって購入したことからもそれがよくわかります。

知名度の低いところの土地建物をいきなり売るために、宣伝にもかなり力を入れたようです。「夢の都市。理想の田園都市ここに現れる」といった、やや大仰な宣伝文句が並んだ広告も展開していたようです。「これまでにこんな理想都市はなかった――」新聞などの広告を見た人々が驚きを禁じ得なかったとしても、不思議はありません。

作家の曽野綾子さんがエッセイの中で、「理想の街とうたわれた田園調布に引っ越したものの、なんて田舎に来てしまったのかしら」と家族が悲しむ様子を描いたようですが、当時は都心と比べたらそれは田舎ですから、おそらく最初に引っ越した住人は皆同じように感じたことでしょう。

しかし、実際に住んでみると、自然は豊かで、計画的に整備されているから都市基盤もしっかりしている。さらに交通の便もいいとあって、あっという間にその評判は口コミでも広がったようです。

田園都市には病院、娯楽、福利厚生など、そこで生活がある程度完結するように施設が用意してありました。田園調布から近い多摩川園には遊園地、つまり娯楽施設を造りました。

おかげで洗足と田園調布は大当たり。1928年には都市開発の役目を終えたとして、田園都市株式会社は目黒蒲田電鉄に吸収合併されますが、街を造って、電車を走らせる、このモデルケースの成功例が、その後の多摩田園都市の開発に繋がっていくのです。

東急電鉄は目黒蒲田電鉄が創立された1922年を創立年としています。ただ、私たち都市開発をやってきた人間からすると、田園都市株式会社ができた1918年こそ本当の創立年なのではないかと考えています。

冒頭でも触れましたが、２０１８年に「洗足・大岡山・田園調布１００周年」のイベントが開催されたのもそれが理由のひとつです。

合併に次ぐ合併

五島慶太のビジネス戦略は、〝強盗慶太〟と揶揄《やゆ》されたこともあったように、ライバル会社や他社路線を合併に次ぐ合併で吸収して、会社を大きくしていくことでした。

目黒蒲田電鉄は東横線を運営していた東京横浜電鉄も買収しますが、実際には東京横浜電鉄の経営を握っていたのも五島です。当時、渋谷から横浜までを一気に敷設したため、資金繰りが苦しくなっていたようです。

目黒蒲田電鉄が買収したという形にはなっているものの、その後、社名を目黒蒲田電鉄から東京横浜電鉄と、買収先の会社名にわざわざ変更しています。そして、これが現在の東急電鉄になりました。ちょっとわかりづらいかもしれませんが、買収したのは目黒蒲田電鉄の方なのです。

関西では阪急電鉄の小林一三が成功例を示してくれたので、財力があって目端が利いた人は、当時次々と鉄道路線の敷設免許申請をしたそうです。しかし、実際に鉄道計画を申請しても用地買収などは簡単に進みませんし、もちろん莫大な資金が必要となります。それゆえ実現しなかった路線がいくつかあるのです。

例えば、現在の東急池上線を運営していた池上電気鉄道が延伸をもくろんで開業した新奥沢線も「新奥沢駅」までしか敷設できず、計画はとん挫してしまいました。当時の池上電気鉄道は目黒蒲田電鉄のライバル会社で、競合に差をつけるため国分寺方面への延伸を念頭に新奥沢駅を作ったのですが、結局目黒蒲田電鉄に合併吸収される形で、延伸計画もなくなり駅も廃止されました。

今も残る「新奥沢駅跡」の石碑

人を集めるために学校を誘致

開発が終わったことで、東横線、目蒲線には人の流れができました。通勤などで鉄道を定期的に使うというニーズを生み出すことが、莫大かつ安定した収益をもたらすこともわかりました。しかし、それでもまだ朝夕の通勤時間帯以外の需要は少なかったようです。

次にとられた戦略が、学校の誘致です。**「電車は空気を運んでも金にならない」**と私たちは自戒を込めて言います。私は田園都市線の鷺沼《さぎぬま》という街で育ったのですが、中学生の頃に田園都市線が延伸して「すずかけ台」という駅ができたというので、友達と観光気分で見に行ったことがありました。宅地の造成が始まった

田園都市線 つくし野駅～
すずかけ台駅開通式

ばかりでまだ誰も住んでいない時期で、行きも帰りも電車に誰も乗っていないことにびっくりしました。人の移動がないと電車は利用されません。

それゆえ、当時の経営陣は鉄道を平日の日中に、しかも都心から郊外へという逆方向の利用をしてもらうため、1929年に慶應義塾大学を日吉に誘致したのです。

学校を誘致するメリットはたくさんありました。

第一に、平日に学生が通学で利用してくれること。

第二に、大学という最高学府が沿線にあることで、路線のステータスが上がる

慶應義塾大学と日吉駅（下）の航空写真（1963年）

こと。学士様が毎日電車に乗って通ってくる。その価値は計り知れなかったと思います。もちろん街にも需要が生まれますから、地元商店主などにもメリットがあります。

そして、第三のメリット。それは東急沿線で学んだ人が社会に出て成功すると、何割かはその街に戻ってくることです。特に地方から出てきた学生は、自分が下宿していた街に縁を感じて、東急沿線を自分の第二のふるさとのように感じてくれます。花の種がふわふわと風に乗ってたまたま着床した、その周辺に群生地ができるようなものです。日吉台にあった約24ヘクタールもの土地を慶應義塾大学に無償提供した、と聞くとちょっと美談に聞こえるかもしれません。この第一〜第三の理由はもちろんですが、東横線を敷設することで資金繰りが厳しかった、という前述の事情もあっての施策だったのでしょう。

過去の歴史において、東急は、何度か資金繰りが厳しくなった時期があったと聞いています。土地区画整理事業の過程で、土地を日本住宅公団に団地用地としてまとめて売却したり、〝青田売り〟というのですが、止《や》むなく図面だけで販売してしまうこともあったそうです。

とにかく、田園都市の成功例から、人が住むと人の流れができ、電車を利用することはわかっていました。だったら、手っ取り早く人を呼ぶ施策をしようということで、東京工業大学、東京都立大学、東京学芸大学、日本医科大学などが誘致されました。ほとんどの大学自体が郊外移転してしまっていて最寄駅には存在しないものの、いまだに都立大学駅、学芸大学駅というように駅名だけが残っています。

洗足と田園調布の開発で成功しても、それで終わりにしなかった。そこで開発をやめていたらそこまでの会社だったかもしれませんが、人の流れを作ることを大事にしたことがその後の発展の足がかりとなったのです。

大東急時代

なぜ東急が「私鉄の雄」と言われるようになったのか。それは大東急時代を経たことが大きかったのかもしれません。ご存知ない方のために説明しますと、戦時中に国策で東急、京王、小田急、京急などの関東私鉄各社が大東急の名の下に合併。その時期が「大東急時代」と呼ばれているのです。

もともと、鉄道会社同士はそれほど仲が良いわけではありません。最近では相互直通運転をしたり、連携して乗り換えの利便性を向上させたり、一緒に都市型観光イベントをやってみたりと、歩み寄ることもあります。とはいえ、基本的には路線と沿線という陣地・お客様を奪い合うライバル同士なわけです。

例えば、小田急江ノ島線の中央林間駅と東急田園都市線中央林間駅は、微妙な距離で接続されています。小田急と東急が同じ駅中で簡単に乗り換えできたら便利に決まっていますが、接続したら自分のお客様をライバル会社に持っていかれるのではないか、という不安が互いにあったのだと思います。

地下鉄の九段下駅にも元東京都知事の猪瀬直樹氏に「バカの壁」と呼ばれた都営線と東京メトロとを分断する壁がありました。あれも壁を壊せばお客様にとってどれだけ便利になったかということです。

話を戻します。戦争以前から資本が脆弱だった私鉄各社はしのぎを削って顧客獲得に血眼になっていたのですが、戦争が始まると社員が兵隊に多く連れていかれて働き手はどんどん減っていきました。各社の経営資源が枯渇していく中、それぞれに無駄な争いをするよりも、力を合わせてお国のために一丸となった方がいいだろうという判断で、陸上交通事業調整法に基づき大合併します。

戦後、再び各社は別々に分かれます。「財閥解体」という視点はもちろんあったでしょうが、元は別会社だったわけですから、極めて自然な流れだったと思います。一旦くっついた会社が再び別れる時は、実務的には会計上のことなどを考えると大変だっただろうと当時の人たちの苦労がしのばれます。

第2章　多摩田園都市の開発

田園都市線開発

ここで少々、私のことをお話しさせてください。1961年、私は東京都杉並区の荻窪で生まれました。子供の頃は親の仕事の都合で関西に住んでいましたが、当時の最大のイベントは1970年の大阪万国博覧会でした。万博が終わった年に、父親の転勤で再び関東に引っ越します。引っ越した先が田園都市線の鷺沼で、田園都市線沿線には小学校3年生から住んでいました。

鷺沼に来た時は、「なんだ、この田舎は」という第一印象を受けたことを覚えています。家の周囲は山坂が多く、まだ開発の手が入っていない野山がそこら中に残っていました。関西で住んでいたところは阪急沿線で、そこがとりわけ都会だったとは思いませんが、当時の多摩田園都市は田舎っぽさばかりが目につきました。

しかし、今の東急電鉄のイメージを決定づけた大きな出来事があるとしたら、その東急多摩田園都市を開発したことでしょう。

鷺沼をはじめ、当時の多摩田園都市はまさにサラリーマン世帯のために開発された住宅地でした。親はこの地を終《つい》の棲家と考えたのでしょう。

家を探していた当初、両親は東横線や世田谷区周辺を見て回っていたようです。当時はどんどん人口が増えて、みんながマイホームを探しており、**「家を持つことは男子一生の仕事」**と言われた時代でした。

しかし、何度も抽選に落ちたそうです。毎回かなりの高倍率で、それくらいマイホームを持ちたいという庶民の想いが高まっていたのでしょう。何度も何度も申し込んで、やっと当たったのが鷺沼だったのです。

多摩田園都市の開発は、当初から沿線全体のマスタープランが立てられていま

1970年当時の鷺沼駅周辺

した。開発手法は後述する土地区画整理方式を採用していたので、地元の地権者との合意を得られたところから順次開発されていきました。

鷺沼は有馬第一土地区画整理組合の事業として、1967年に竣工した住宅地です。鷺沼には東急線の車庫（現在は東京メトロ車庫）があったこともあり、田園都市線の急行停車駅でしたから、沿線の中でも比較的開発が進んだ主要駅という位置づけでした。

駅前には小さいながら東急ストア（当時は東光ストア）もありましたし、当時は「鷺沼プール（現在は学校や公園）」という大きな川崎市営のプールもあって、都内から鷺沼にわざわざ遊びに来る人も大勢いて、夏だけは比較的賑わっていた街だったことを覚えています。

学期が終わるとクラスが増える

私が住んでいた一戸建ての周辺の空き地は、私が住み始めた頃から急速に宅地化され住宅が広がっていきました。周りは自然あふれる野山だったのに、気が付くとブルドーザーが走り回って開発され、どんどん家が建っていく。「誰が造っているのだろう」と子供ながらに思った記憶があります。

私が中学校に入学した1970年代半ばには、自分が住んでいる地域の人口が急激に増えていくことも実感していました。小学時代は新学期が始まるたびに、転校生が数名単位で入学してきましたし、クラスも増えていき、小学校を卒業する頃には一学年10クラスにもなりました。おかげで校舎が足りずに、私たちはずっと急造のプレハブ校舎で小学校時代を過ごしたことも覚えています。

当時は近郷近在に尋常高等小学校から数えると100周年を迎えるという歴史あるその小学校一校しかなく、私は小学生の頃からバス通学。かなり広範囲から生徒が登校してきていたのですが、やがてその一校では生徒を受け入れきれず、在校中に数多くの分校ができて、仲が良かった友人と離れればなれになるという悲しい目にも遭いました。そのくらい人口、および子供の数が飛躍的に増加していたのです。

1953年に「城西南地区開発趣意書」を世に発表して、急増する東京の人口に対して、良質で安心安全な受け皿を「当時残された未開の大地を開発して供給する」というビジョンを示したのは五島慶太です。それを引き継いだのが息子の五島昇。洗足や田園調布の開発で成功したスタイルをさらに発展させて、ここでも踏襲したのです。

かつて品川区の大井町駅を起点とする大井町線（1963年～1979年の間は一時名称が田園都市線となる）は溝の口駅まで走っていましたが、隣駅の梶が谷駅から長津田駅までの広大な田畑山林原野を切り開いて開発されたのが田園都市線および、多摩田園都市です。郊外へと開発が進むにつれて、田園都市線も長津田から先まで延伸されていきました。

1950年代後半から1960年代の都心はすごい勢いで人口が膨張し続けました。高度経済成長期を経て、その勢いはとどまるところを知りません。多摩川を越えた未開拓の多摩丘陵を開発しないと、膨張し続ける都心の人口は受け止められなかったのです。

土地の取りまとめ

開発にあたってはまずは土地を買い付ける必要があります。五島慶太が「城西南地区開発趣意書」の発表後に土地を買い付けたのですが、田畑山林原野を取得するため、各集落の大地主に呼びかけて説得にあたったようです。

最初に説得した大地主には地域の取りまとめを依頼していきました。資金が潤沢にあれば、土地の全面買収による開発も可能かもしれませんが、一私企業の力ではそこまでのことはできません。そこで採用されたのが「土地区画整理方式」による開発でした。

土地区画整理事業というのは、簡単に言うと、特定の地区内で土地を所有している権利者が集まって組合を組成し、お互いに事業費を出し合って計画的な宅地造成事業を行うというものです。

しかし、地元の地権者は開発前には主に農業に従事していましたので、開発資金を拠出するということができません。そこで先祖伝来の大事な土地を拠出して事業費にあてるということになります。

また権利者は開発ノウハウを持っていません。そこで東急電鉄が一括代行方式ということで、職員を組合に派遣するとともに、権利者の方々に拠出していただいた土地の一定割合を「保留地」として将来東急電鉄が買い上げることにして、それを事業費としてあてることにしました。そうすることによって、権利者の方々は事前に資金負担をすることなく土地区画整理事業を実施することができたのです。

土地を拠出した地権者に対しての見返りとしては、先祖伝来の土地が「減歩」という形で、当初の面積から一定割合減じられ「換地（元の所有土地面積から土地区画整理後に権利変換される土地）」されて戻ってきます。

もちろん、戻ってきた土地は従前の土地と異なり、田畑山林原野が整地されて、舗装された道路、公園、学校用地ができ、きちんと上下水道や電気、ガスなどのインフラ設備が完備された状態で戻ってきますので、たとえ面積が減ったとしても、土地の効用、資産価値は何倍にも増進します。

しかし、当初はこの仕組みを理解してもらうのは難しかったようです。

古くからその土地に住んでいて、自ら土地を耕作してきた方々にとっては、先祖から受け継いできた土地を1坪たりとも減らしたくないという気持ちが強かったのです。土地買収や区画整理事業の承諾を得ることには難航したようです。

◆一般的な土地区画整理とは？

土地所有者から少しずつ土地を提供してもらい、区画形質を整えること。地区内に新たに設ける道路や公園、学校などの公共用地は、原則として地区内の土地所有者が少しずつ土地を出し合うことで生み出す。これを＜公共・公益減歩＞といい、竣工後に行政に移管寄付する。

土地区画整理の事業費を土地所有者が金銭で負担できない場合は、土地所有者が少しずつ土地を出しあって＜保留地＞を設け、この保留地を処分して事業費に充てる。多摩田園都市開発当時は保留地を売買するマーケットがなかったため、保留地を東急が予め買取予約した。

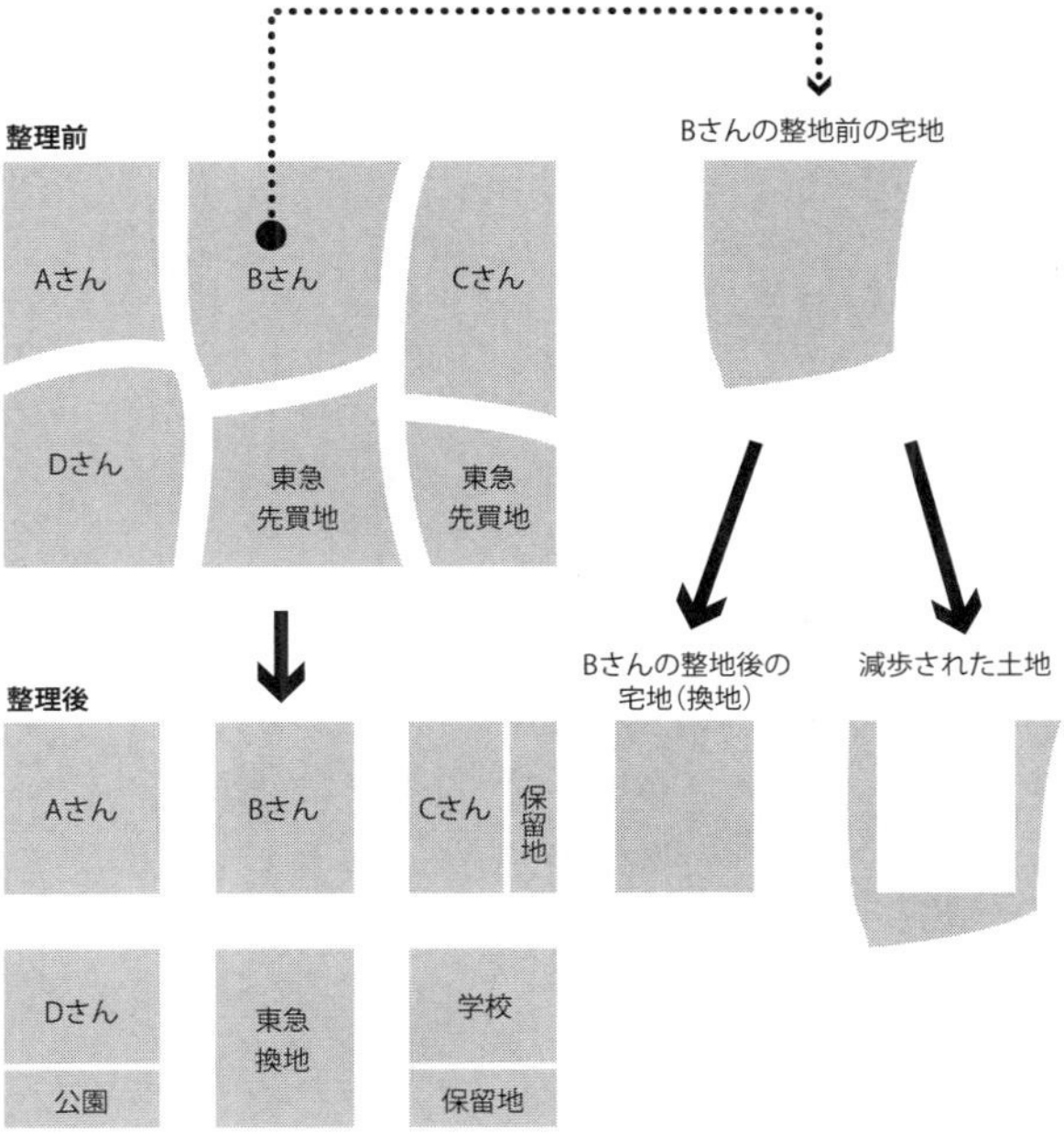

例えば、「この土地に将来鉄道が通る」という青写真を提案すると、反応はふたつに分かれます。鉄道は都会に出る利便性確保と文化の証《あかし》。「是非鉄道を通してください」と言う人がいる一方で、よくわからない鉄道を嫌悪して、「今の暮らしに満足しているから開発は反対だと」言う人もいます。どこの街でも反対する方は必ずいるものです。

東急が抜きん出た理由

戦後に東急が発展したきっかけ。それは多摩田園都市の開発で莫大な利益を上げたからに他なりません。さらに、それを原資として、グループ経営を広く展開していきました。

例えば、路線を敷き、周辺の宅地を売る、その建設は東急建設に任せる。不動産取引は東急不動産、買い物は東急百貨店、あるいは東急ストア。そうやってグループにどんどんお金を落としていただければ、グループ各社はどんどん大きくなります。

私鉄のビジネスモデルは小林一三のモデルをほとんど踏襲しているとお伝えした通り

ですが、これは強いて言えば「私鉄ビジネスモデル1・0」と言えるでしょう。

この私鉄ビジネスモデル1・0は、全国の多くの私鉄各社が展開しているものです。その中で東急がひときわ高いパフォーマンスを上げた理由を考えると、それは他の私鉄と比べた時に、圧倒的に開発した面積が大きかったからという理由にいきつきます。

多摩田園都市の当初の開発計画面積は5000ヘクタールありました。実際に開発した面積は3200ヘクタールを超え、これはほぼ東京都板橋区の大きさに相当します。一民間企業の計画的住宅地開発事業として、この規模は他に類を見ません。

また鉄道を軸に開発地域を面的に連担（地区をまたいで区画整理事業が繋がっていること）させてきたことにより、関連事業の効率も非常に高くなりました。

その当時は途方もない青写真を描いたと思われていたようですが、五島慶太・昇親子に先見の明があったということでしょう。そして、持ちうる経営資源を全てそこに投入した勇気と英断。それを最後までやりきる不断の努力と粘り強さ。さらに、当時は田園都市事業部と言っていた開発部門の強い信念と一糸乱れぬ団結力、組織力の賜物だったと思います。

机上の理論が現実になった野川第一地区

土地区画整理方式は理論的には土地利用の効用が高まり、価値が増進するということになっています。しかし、田畑山林原野をこの方式で開発したとしても、周囲に土地取引の市場が成立していなければ絵に描いた餅になります。

後に土地神話とも呼ばれましたが、その当時は幸運なことに日本の土地、中でも首都圏の土地は人口の流入や経済活動の活発化によって需要が旺盛でしたので、地価はひたすら右肩上がりで高騰し続けていました。

その結果として、区画整理前の理論値以上に竣工後の土地の値段は上がりました。一方、工事費などの設備投資額も相当額に上ったのですが、インフレ経済下においては、負担感は軽減されていきましたから、数十億円単位の投資は後から振り返ればそれほど大きな負担ではなくなっていたようです。

机上の理論を現実にした最初のモデルケースとなったのが、川崎市にある野川第一地区でした。

多摩田園都市の地図を広げると、飛び地のような少し離れた場所に野川第一地区はあります。

1956年に発表された「多摩川西南新都市計画」の図面を見るとわかるのですが、当初多摩田園都市の開発は鉄道を軸にするだけでなく、むしろ当時注目されていた自動車交通、つまり来たるべきモータリゼーションを見越して、自動車専用道を軸に開発することも想定されていました。

今の第三京浜自動車道がそれにあたる道路だそうですが、当時の国から「自動車専用道は民間の事業ではない」と認可

開発当時の野川第一地区の様子

が下りなかったため、仕方なく田園都市線のみを軸とすることになりました。

　そんな事情などもあったからだと思われますが、野川第一地区は田園都市線の駅からは少し離れて位置し、私たちが開発して連担させてきた地域からは飛び地のようになってしまっています。

　この地区は、最初に手がけた多摩田園都市の土地区画整理事業なので、当時としては相当意欲的な開発計画となっていました。それは周辺の区画整理未実施の街と比べた時に、都市基盤の質が段違いで良質であることからもわかります。

　当時としては珍しい高品質な住宅地だ

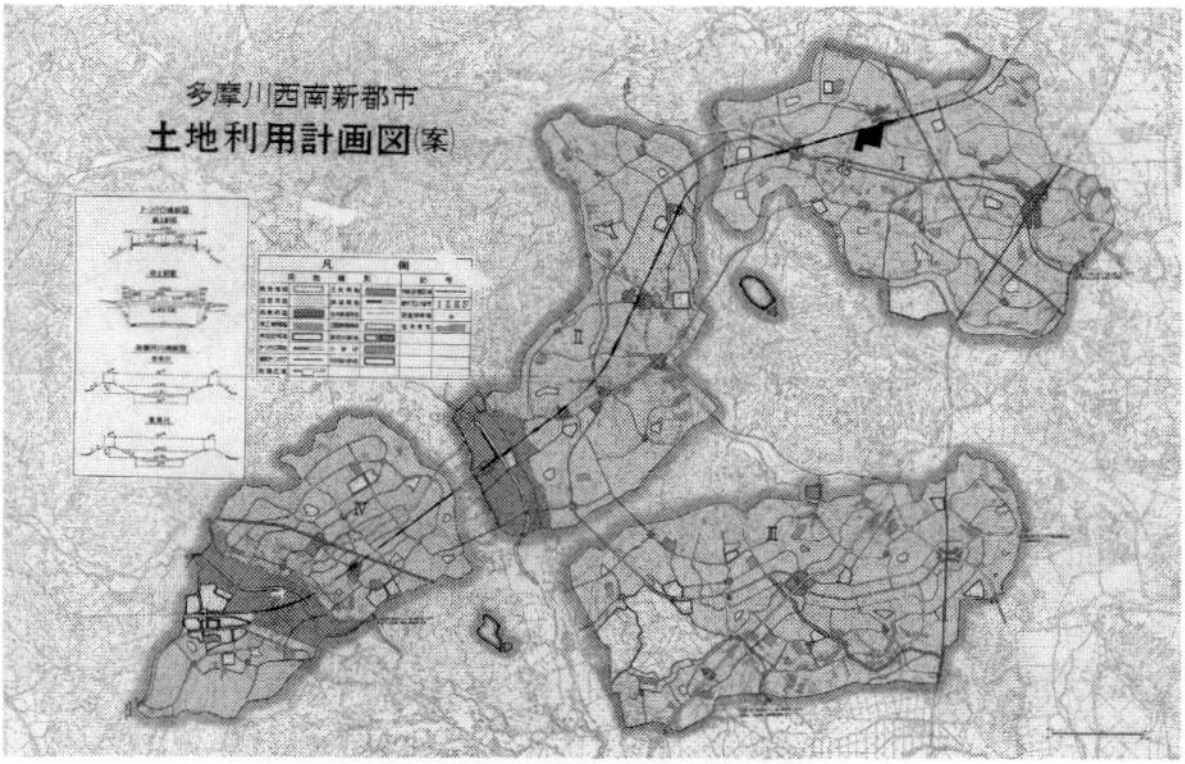

多摩川西南新都市土地利用計画書（1956年）

ということで、野川第一地区の販売は順調に進んだようです。この結果を受けて、野川第一地区の開発に協力した地権者にも納得してもらえましたし、東急も多摩田園都市の開発に自信を深めました。

その後は合意形成できた地区からどんどん開発が進みます。合意形成には時間がかかりますから、隣り合った地域を連続的に開発するわけにはいきませんでしたが、全体のマスタープランがしっかりしていたので、徐々に開発が進んでくるにつれて、開発済みの地区と地区とが繋がって、最終的には連続した面的な住宅地となりました。

不自然に曲がりくねった路線の理由

多摩田園都市の開発はマスタープランを描いてから開発を進めていきましたが、やはり開発に際しては「土地を買収できるか」「地権者と合意形成ができるか」ということが大きく影響します。

当然ですが、電車を敷く時でも、合意形成できなかった地区はあります。特に昔は鉄道を「嫌悪施設」として敷設反対されることも多くありました。

田園都市線は既成の市街地内に通すのではなく田畑山林原野を開発しながら通す新路線でしたから、多少の地形上の問題はあっても、効率を考え目的地までなるべく直線的に敷設するのが理想だったはずです。

特に田園都市線は敷設計画当初から掘割（地面を掘って鉄道などを通した所）や高架方式を採用して、起伏の多い多摩丘陵においてもなるべく踏切のない路線として計画されていましたから、曲がりくねったコースはなるべく避けたいところです。

しかし、実際に完成した田園都市線を俯瞰《ふかん》してみると、不自然に湾曲している区間が何箇所かあります。

そういった土地は買収しきれなかった、あるいは地域住民から反対を受けたということだと思います。田園都市線の開発は民間企業の資金で遂行している以上、スピード勝負でした。

事業機会獲得や金利負担のことを考えれば当然のことです。

田園都市線が長津田まで開通したのは1966年、中央林間まで全区間開通したのが

1984年のことでした。

地方にもあった東急田園都市

多摩田園都市の開発が終わって、東急はどこへ向かったのでしょう。田園都市線をさらに延伸して相模原などの土地で開発をする可能性もあったのでしょうか。

一時期そのような方針も検討されたようですが、現在ではこれ以上東急線の新規路線を開発していく計画はありません。

当時の経済環境を見れば、「まだ開発の余地はある」という考え方は社内に根強くあったようです。なぜなら、田中角栄の日本列島改造論が幅をきかせていた1970年代、土地価格は高騰し続けたからです。

田園都市開発で自信と実力をつけた意欲あふれる先輩たちは、日本全国に買収できる土地を探しては落下傘のように降りていきました。北は北海道から南は九州まで、全国で土地を買収して、「擬似田園都市」を造っていったのです。

地方には、かつて東急が分譲した住宅地が今でも多数残っています。

先日、徳島県に出張する機会がありました。「しらさぎ台という東急が造った住宅地がある」ということは当然知っていましたが、実際に見たことはありませんでしたので、「よし行ってみよう！」と現地を訪問しました。

1970年代に東急が分譲したしらさぎ台は、徳島市の中心地から車で約30分のところにありました。

市街地から車でしばらく走ると、周囲はすっかり田園風景になるのですが、そこに忽《こつ》然《ぜん》と「東急しらさぎ台」という看板が目に飛び込んでくるのです。

砲台状の台地を削って造成された住宅地なので下からは全貌は見えませんが、急坂を上っていくと、突如閑静な住宅街が姿を現します。それを見た瞬間「あぁ、これは多摩田園都市だ！」と思わず叫んでしまいました。

街路が緩やかにカーブし、道路幅、街路樹、整然と並ぶ戸建て住宅、美しい公園。開発後50年近くが経過しているので、空き家が増えたり高齢化が進んでいることは想像がつきましたが、まさか徳島市の郊外で、多摩田園都市そっくりな街に出会えるだなんて想像もしていませんでした。

　徳島県の職員の方にお伺いしたところ、「東急しらさぎ台はいまだに徳島の中では高級住宅地という評価がされています」と解説してくれました。

　地方にある東急が手がけた住宅地は、「旧東急分譲地」と呼ばれ、今も一定の評価がされているそうです。しかし、そこには東急資本の鉄道は敷設されていません。

　良質な住宅地ですが、今は空き地も空き家もあるようで、少し寂しい印象になってしまっています。地方の人口減少、高齢化が原因ですが、マイカーでしか生

開発直後の東急しらさぎ台。整然とした街並みの様子がよくわかる

活できない住宅地は高齢の方には少し住みにくくなっています。

昔は地価が上がり続けるという「土地神話」が日本全国にありました。しかし、今では地方の土地の値段は下がるばかりです。

土地区画整理や宅地開発事業は、土地が値下がりする局面では成立しません。残念ながら、今後地方で東急が土地区画整理事業や宅地造成、販売事業に手を出すことは考えにくいでしょう。

多摩田園都市で大成功を収め全国にもそのブランドを広めた東急ですが、その後、しばらくは停滞期を迎えます。それをどのような変遷を経て、乗り越えてきたのかを次章ではお話ししましょう。

第3章　東急の成長と停滞

かつて掲げていた3C政策

もう少し私の話を続けさせてください。大学を出てすぐに東急に入社した時の同期は20人。全社員数は約5000人。会社の規模からいうと、大学卒の新入社員の採用数としては少ない方だと思います。

新人研修の内容は採用年によって変わりますが、私の入社年はまず鉄道現場研修ということで、自由が丘駅に駅員として配属され半年間勤務し、その後、半年間を大井町線の車掌として過ごしました。

東急電鉄は実に多岐にわたる事業を展開していますが、将来どんな事業部に配属されようとも、原点には鉄道があるということを忘れないようにという会社の意思があったのでしょう。

今では笑い話になりますが、私は採用面接を受けた時は新規事業企画に興味があったので、「鉄道と開発以外なら何でもやります」と大きな声で面接官に宣言しました。半生を振り返ってみると、社歴の中では鉄道と開発しかやっていませんが、入社当時、東急電鉄は採用パンフレットなどで「当社は3C政策で成長する」という謳《うた》い文句がそこかしこに書かれていてそれに魅力を感じたのです。

3Cとは高度経済成長時代の「カー」「クーラー」「カラーテレビ」といった新三種の神器のことではなく、**「カード事業」「カルチャー事業」「ケーブルテレビ事業」**のことを指していました。

カード事業は後に「東急カード」というクレジットカード事業を立ち上げ、今では東急グループの中核事業のひとつになっています。カルチャー事業については、後に渋谷に「Ｂｕｎｋａｍｕｒａ」という複合文化施設を開業したほか、さまざまな文化事業を展開しています。ケーブルテレビ事業は、現在はイッツ・コミュニケーションズという子会社が運営しており、今では東急グループのメディア事業、ＩＣＴ事業の成長株となっています。

私が当時一番やりたかったのは、生活サービス系の新規事業やショッピングセンターの運営現場の仕事など。ハードではなく、ソフトを活かした仕事がしたかったのです。「新規事業がやりたいです！」と意気込んで入社して1年間の研修を終えたものの、会社はそういう人間を素直に配属しないもの。全く希望していない部署に配属されました。

入社1年後に配属されたのは都市開発、それも一番泥臭い現場でした。鉄道事業も都市開発事業も私が入社した当時はすでに成熟した事業となっており、稼ぎ頭の花形事業ではありましたが、どこかお堅い感じがして、若い社員のアイデアを取り入れてもらえるような余地が感じられませんでした。

土地活用で街を活性化させる

その頃は区画整理を担当する部門が社内でも一番花形の部署でした。そこに配属されるということは新入社員としてはエリートと目されていました。会社の基幹事業である区画整理の現場を体験できるということは、将来のリーダー候補なのです。

しかし、私が配属されたのは都市開発の中でも少し違う部門で、区画整理が終了した地区で、地主さんに対して賃貸アパート、マンション経営などを勧める資産活用プロジェクトチームに配属されました。まだできたばかりの新設部署で、対外的には「コンサルティングチーム」と呼んでいました。

区画整理前に農家だった地主さんたちは、所有していた田畑が宅地になると収入の道が途絶えてしまいます。もちろん農業を継続される方もいましたが、市街化によって所有していた土地の活用の道が拓《ひら》け、周囲に新住民も住み始めていましたので、そうした新住民向けの賃貸アパート、マンションなどを建てて貸すという事業を地主さんたちにコンサルティングすることが主な業務でした。

今ではコンサルティング事業は東急の重要な部門に成長しましたが、当時の実情としては、土地区画整理事業は終息に向かっていて、エース級の人材は引き続き区画整理に従事していたものの、ピーク時から比べると人材が余っていました。そうした社員たちの受け入れ先として、新設された部署という一面があったのです。

それゆえ、地主さんとのコミュニケーション力や信頼関係はありましたが、肝心の不動産コンサルスキルはまだ低いものでしたので、「土地を売ってくれて、区画整理に協力していただいた恩返しです」というスタンスで、利益度外視でやっていました。

区画整理が終わると、「半分が地権者の土地」となり、「残りが東急の土地」となります。東急の土地は計画的に宅地開発して住宅分譲をするのですが、地主さんは土地活用ノウハウがないので、せっかく用途が広がった土地をどうしたらいいかわからない。

そこで「とりあえず駐車場にしましょう」「アパートかマンションを建てましょう」とお勧めするのです。沿線の人口が増えるにつれて、土地の値段はどんどん上がっていましたので節税対策という側面もありました。

時代はバブル前夜。多くの土地を遊休地にしたまま持っていると、開発によって土地の評価額も跳ね上がりますので「相続税が大変になる」と地主さんたちは懸念されていました。その対策のためにも、建設費で借金をして収益物件を造って、相続評価額を下げるというお手伝いをしてきました。人口も着実に増えていましたから、アパート、マンションを建てれば大抵は満室稼働して家賃収入が得られます。

最初は私も素人同然だったわけですが、宅地建物取引主任者試験に合格し、地主さんからもある程度信頼してもらえるようになってくると、自分で企画して収支計画を立てて、設計者や建設会社、金融機関や管理会社の方と一緒に土地活用計画を練って提案していく過程が面白いと感じるようになってきました。**「これからは借金も財産です」**なんて、家を建てたこともない若造が吹聴して歩いていたことは今思うと恥ずかしい限りですが……。

多摩田園都市が開発後数十年経過しても住民が一気に高齢化しなかったのは、こうした地主さんたちの土地活用があったからなのです。

東急の分譲地ばかりですと、一度購入した方は終の棲家だと思って住まわれるので、居住年数分の年齢を重ねていきます。しかし、賃貸住宅に居住される方は、転勤や分譲住宅購入などで数年おきに入れ替わっていきます。

大雑把に言うと東急沿線においては持ち家が6割、残りが賃貸居住者という構成になっていますので、地域全体がゆっくりと高齢化していくことになります。

これが多摩ニュータウンの団地群のような場合、同じ時期に同じような世代の方が住み始め、ずっと住み続けるので、経年とともに一気に高齢化を迎えるという構図になってしまいます。しかし、多摩田園都市ではそういうことは起きませんでした。

発足当初はノウハウも実績もたいしたことがなかった東急の資産活用コンサルティングビジネスも、多摩田園都市の発展とともに関係の深い地主さんから実に数多くのお仕事を頂戴したことによって、今では随分と大きな事業に成長しました。仕事の内容がレベルアップするに従って、徐々に地主さんからの大きな信頼と、高い評価もいただけるようになりました。

1988年には「東急グローイングクラブ」という地主さんとの勉強・懇親のための会員組織を組成して、多摩田園都市全域から入会していただけるようになりました。この組織が東急の社有地以外でのビジネスの基盤となっていったのです。

2018年10月、同組織の30周年を祝うパーティーが盛大に開催されました。すでに区画整理でお世話になった地主さんから二代目、三代目に移ってきていますが、区画整理が終わっても、こうした地主さんと東急との盤石な絆がある限り、地域とともに共存共栄で発展し続けていけるものと確信しています。

最後まで開発ができなかった犬蔵《いぬくら》地区

コンサルティング業務にやりがいを感じ始めていた私でしたが、2年後に本社に呼び戻されて、田園都市事業部全体の区画整理、宅地販売の計画管理の業務に従事しました。予算、決算書を作ったり、土地の原価計算をする仕事です。たまに現場に顔を出して事業の進捗《しんちょく》状況をヒアリングするのも大事な仕事でした。

当時はインターネットなんてありませんから、電話くらいしか通信手段がありません。現場に行かないと開発の進捗や要領がわからないのです。事務所の所長や先輩に「現場はうまく回っていますか?」「なんでこういう状況になっているのでしょうか?」などと全部の地域を回って工事の進捗を確認するのも大事な仕事でした。

当時はまだ区画整理の途中でしたが、残す開発地区はかなり減ってきていました。ちなみに、多摩田園都市の大規模な区画整理が終わったのは2006年。その後も小さな区画整理はやっていますが、最後まで残った大きい地区が、川崎市の犬蔵地区でした。

ここは東名高速道路の川崎インターチェンジの隣接地で、人気の街たまプラーザと鷺沼の背中合わせに位置します。場所的には最高の条件で、最後まで残った宝物のような地区でした。

区画整理事業というのは、合意形成までの準備は長い時間がかかりますが、いざ始まってしまえば5年程度で終わります。しかしその権利者との合意形成ができないとやっかいです。犬蔵地区の場合はそれがなかなか難航して、いつ着手できるのか誰にもわからないほどでした。

社内でも「あの地区は無理じゃないか」と何度も言われてきました。犬蔵は立地的に便利なところで区画整理をやれば資産価値が何倍にも上がることは容易に想像ができましたが、逆に利便性が高かったため、区画整理前に原地形のままアパートやマンションなどが自然発生的に建ってしまっていたのです。

専門用語では**「スプロール現象」**とい

最後の大規模開発地区となった犬蔵地区

うのですが、地区全体の計画がない中で、インフラもまともに整備されないまま乱雑に土地利用が進んでしまっていたのです。

そんな状態でも土地所有者は一定の現金収入が得られますので困らない。住む人にとっても、景観などを気にしなければ、比較的安く物件が手に入りますし、適度な利便性は享受できるので、それなりに満足されています。

そんな状況でも最後まで粘って区画整理にこぎ着けたのは、東急が当該地区内に開発のために買った先買地がたくさんあったからです。区画整理反対者の土地やすでにマンションなどが開発されてしまったところを区域から除外して、当初の計画よりは開発区域面積がかなりコンパクトにはなりましたが、開発の青写真を描いてから約30年をかけて犬蔵地区の土地区画整理事業は完成しました。

犬蔵地区は、道路や公園がきちんと整備され、素晴らしい街へと変貌します。お隣がたまプラーザと鷺沼で、すぐ近くに東名高速のインターチェンジもあるという利便性の高い立地でしたので、竣工後に高級分譲戸建てやマンションが売り出されるとかなりの人気を博しました。

未来志向に欠けた事業展開

本社で開発の計画管理業務に従事することになった当初は、事業の仕組みがわかるようになり、全体計画を掌握しているような感覚になれて面白かったのですが、基本的に毎年同じことをするルーティンワークでしたので、慣れてしまうとすぐに飽きてしまいました。

私は飽きっぽい性格でして、すぐに他の楽しそうなことに目が行ってしまうのです。時はバブル真っ盛りでしたので、黙っていても土地の値段は上昇し、ちょっと宅地を販売するだけで年度目標を達成してしまう。当時は他の事業会社とは違って、年度売上利益を最大化して、稼げる時に稼ぐというのではなく、安定的に年度ごとに決算を成長させていくことに力点が置かれていましたので、無理に働く必要もないわけです。そうしたゆるい空気が会社全体に蔓延《まんえん》していました。

そんなタイミングで上司が「東急総合研究所に出向しないか」という話を持ちかけてくれました。おそらく私がマンネリに陥って飽き飽きしているのを見抜いていたのでしょう。

東急総合研究所は1986年に設立されたばかりのインハウスシンクタンクです。当時の東急電鉄は業績数値こそ好調でしたが、多摩田園都市の開発は終息期を迎えており、大量にあった多摩田園都市の販売用宅地在庫も有限でしたので、次にどちらの方向でグループを成長させていくかを真剣に考える必要に迫られていました。

当時の東急電鉄は、鉄道と開発事業が絶好調。しかし、生活サービスやその他事業は必ずしも成長しておらず、将来の屋台骨を背負うほどの力は持っていませんでした。

そうした新規事業を早く育てていきたいという考えがあったと思いますが、あまりにも鉄道と開発事業が成功してしまったので、当時の社内では成功体験に胡坐《あぐら》をかいて、新しいことにチャレンジする気風がほとんどありませんでした。

五島昇が君臨していた時代は、全てのビジョンと目標はトップによって示されてきましたので、その指示だけを待っていれば良い、余計なことはしない方が良い、新規提案をボトムアップでするなんてとんでもない。そんな風潮さえありました。

つまり「マーケティング」という概念がなかったのです。上から与えられた目標にひたすら邁進していく、そういう体育会的な気概でそれまで突っ走ってきた感もあります。

右肩上がりの経済に乗っていた時はそれで良かったのですが、経済とマーケットが成熟化してきたら、次はマーケティングや経営戦略の差が如実に出てきます。そういった流れから、東急グループにもR&D（Research and Development）の専門機関を創ろうということで設立されたのが東急総研でした。

私は当時、シンクタンクという組織が何をするところか全く知りませんでした。当時の東急電鉄の経営トップの肝いりで創設された東急総研には、当時の経済企画庁からの転職組をはじめ、グループ内外から多様で優秀な人材が集められていました。右を向いても左を向いても東大卒、京大卒といった高学歴の方ばかりで、私学法学部卒の私には眩しくてついていけそうにない雰囲気です。

しかし、東急総研に3年ほどお世話になっているうちにマーケティングや経営戦略、流通論などのイロハを学んだことは、今振り返っても非常に貴重な経験でした。それまでの内向きで同質な会社組織にいた時とは違い、各研究員が各々専門分野を持って、日々調査研究に精を出している。

社外のさまざまな研究者や調査のプロともやり取りするなど、とても刺激的な毎日を送っていました。自分自身も自腹でビジネススクールに通うなど、周りと切磋琢磨していきました。

飽きっぽい性格の自分でも東急総研の仕事では毎日新たなことに関われることができ、刺激的な毎日を過ごすことができました。「もう電鉄に戻ることなく、このままずっとこの研究所で働くのもいいかな」と感じたほどです。

研究員生活に慣れていくうちに今まで見えていなかった社会経済の動向や業界の仕組みなどを理解できてきましたので、東急電鉄の事業を客観的に見られるようになってきます。すると、東急電鉄の事業展開や発想がいかに内向きで未来志向に欠けているのかがわかってくるようになりました。

多摩田園都市での不動産販売業に先が見えた時、果たしてこの会社はしっかりと将来に対する布石を打てているのか、次の収益の柱をきちんと育てられているのか。長期的な視点で評価すると、東急の未来は非常にお寒い状態だということに気付きました。

ものすごいポテンシャルを持っているにもかかわらず、過去の成功体験にしがみつき、新たなチャレンジをしない出向元の会社に歯がゆい思いを感じたものです。

自分ならこういう提案がしたい、こういう新分野に挑戦すべきではないかという構想も湧いてきたのですが、まだ若く事業経験もない出向社員にはどうすることもできませんでした。

外から見えた会社の問題

出向先の東急総研では、誰かが手取り足取り仕事を教えてくれることはありませんでした。「何を課題として設定して取り組んでいくかは自分で考えろ」と言われ、自分がいかに無知で狭い世界で生きてきたかを知るに至りました。

その上で改めて東急を客観的に見てみると、会社の実像はまるで「ピラミッド式の軍隊みたいな組織だ」と気づきました。

上が決めたら、下は黙ってそれに従う。

企業経営においては当然マーケティングや経営戦略が重要なのですが、私の目から見ても当時の東急電鉄には有効で一貫した戦略性はあまり感じられず、ある意味場当たり的な経営に陥っているように感じました。

もちろん東急内でも「これではいけない」「なんとかしないと」と過去から感じている人はいて、数年おきに抜本的な構想案、改革案が発表されてきました。

例えば1966年には「ペアシティ計画」、1973年には「アミニティプラン」、1988年には「多摩田園都市21プラン」という多摩田園都市の未来像を描き出す意欲的な計画が発表されました。

「ペアシティ計画」は多摩田園都市開発の歴史の中で最初に示されたまちづくりビジョンです。東急電鉄と菊竹清訓建築設計事務所が共同で都市建設の在り方について取りまとめたもので、まちづくりの拠点となる場所を「プラザ」「ビレッジ」「クロスポイント」に分類し、交通計画から商業施設配置計画、緑地、公園、文化施設等の考え方などを包括的に整理した先進的な計画でした。

現在はペアシティ計画を前提にした都市開発戦略を遂行しているわけではありませんが、その後いくつか出された総合計画においても、基本的にこうした考え方が下地となっていることは間違いありません。

ところで、ペアシティ計画策定当時は、将来の多摩田園都市の人口は40万人程度と見積もられていて、1ヘクタール辺りの居住人口は100人を切るくらいのゆとりある居住環境の実現を想定していました。しかし、その後当初計画と異なり、日本住宅公団に一括で団地用地として土地を売却したり、予定より集合住宅を多く建設したり、ということもあり、多摩田園都市の人口は想定以上に増加します。

そうした実態に合わせて発表された「アミニティプラン」では計画人口を50万人としましたが、開発の勢いの方が早く、残念ながらこの計画もあまり有効に機能することはありませんでした。現在、多摩田園都市の総人口は60万人を超えています。

続く「多摩田園都市21プラン」は、バブル真っ盛りの中で発表されました。ほぼ10年おきに重要な総合計画を発表しながらも、理想と実態に乖離《かいり》が生じ、これまでプラン通りのまちづくりができなかったという焦りと苦悩の中、同プランは改めてそれらの現実を踏まえた上での構想を都市計画的に再整理、提案したものでした。

しかしながら、この計画も提案書としては素晴らしいものではあったものの、目の前で地価が高騰していく中で、そうした手の込んだ新施策を弄さなくても、少し土地を売却すれば良い決算ができてしまうという現実派の意見に次第に流されていき、いつしか顧みられなくなってしまいました。

黙っていても儲かるから、誰も働かない

元号が昭和から平成に変わる1989年に、長らく東急グループを強力なリーダーシップで率いてきた五島昇が亡くなりました。

このことは東急グループ内外に大きなショックと喪失感を与えました。私もまだ20代のいち社員でしたが、芝の増上寺での葬儀には他のグループ社員などとともに参列しましたので、その時のことははっきりと覚えています。

昔はカリスマである五島昇の言うことを聞いていれば良かった。自分たちで深く物事を考える必要もなかった。トップが右、左だと指示を出し、その通りに社員が計画を実現していく最高に効率の良い組織が出来上がっていましたが、その結果、戦略的に経営やまちづくりを考えない集団ができたのだと思います。

カリスマが消えた時に誰よりも困ったのは社員でした。当然のように経営は迷走をします。

企業というものは「ゴーイングコンサーン」ですから、儲けたお金は次の有望な事業に再投資して社業を発展させ、それをもって社会に貢献するという使命があります。

しかし、当時の東急にはポスト多摩田園都市の成長事業がまだ育っていませんでしたし、まちづくりについても長期視点で街に継続的に投資をして「街と東急グループの関連事業を成長させ」、「地域ブランドを高め」つつ、「継続的に資金回収をする」というサイクルを作りきれていませんでした。

いつの間にか多摩田園都市に対しても、継続的に適正な再投資をして名実ともに渋沢栄一が掲げた理想の田園都市を造るというまちづくりの視点ではなく、「一宅地売却すれぱいくら儲かる」という、まるで打ち出の小槌《こづち》のようなことを言う人も現れるようになってしまいました。

指揮系統を失ったグループ各社も、グループ全体最適や東急電鉄とのバリューチェーンを考えていくのではなく、それぞれが業界事情、社内事情を優先して、ある意味勝手な投資や事業展開をしていったのです。

かつては五島昇を中心に求心力があったものが、カリスマの喪失により一致団結するわけでなく、逆に「自分たちは自分たちでやっていく」と遠心力が働いてしまいました。それでも各社の投資判断、意思決定がうまくいけば問題ないわけですが、バブル崩壊とともに、グループ各社だけでなく東急電鉄自体も業績不振により既存事業からの撤退を余儀なくされるなど、大きな負の遺産を抱える始末です。

虎の子の多摩田園都市で得た利益は、東急電鉄の有望な他事業に投資されることもなく、ましてや多摩田園都市に有効に再投資されるでもなく、グループ企業が作ってしまった大きな損失の補填《ほてん》に使われるなど、建設的な使い方ができなかったのです。

商売において計画的に仕込み、仕入れをして商品在庫を切らさないというのは基本中の基本です。しかし、東急電鉄は多摩田園都市の区画整理が終わると、ひたすら在庫を売るばかりで、次代を担う新規事業に投資はできずにいました。

自分は一度出向して外からそうした状況を見ていたので、問題の深刻さ、根深さがよくわかりました。もしかしてこの企業グループに将来はないのではないかとさえ思うくらい危機的状況です。しかし、若手が何かを言える空気はありませんでした。

東急の変革

失敗の原因は明らかです。五島昇という存在があまりに大きすぎたのです。五島昇自身はビジョナリー（先見の明のある人）でしたが、その本質は五島昇だけがわかっていたのだと思います。

「これからは環太平洋に進出する」「次は航空会社を持つぞ」と社員に対して指示をし

ても、下の人間はその分野の専門家ではありませんから、事業の肝がよくわからないまま進めてしまいます。

例えば経験のない新規事業をやろうと思った時は、他社から経験豊かな優秀な人材を起用することがひとつのやり方だと思います。しかし東急電鉄は妙に純血主義というか、あまり社外人材を活用しません。なんとか社内にいる人材で推進しようとします。

もちろん優秀な人もたくさんいますから、それなりのカタチは作り上げるのですが、昨日まで違う仕事をしていた人が、翌日から全く異なる業界の仕事をして、そしてまたいつかは人事異動で別の仕事をする。

ライバル会社は、その本業で生きるか死ぬかという覚悟で事業をしているわけですから、やはり真剣度が違ったのでしょう。

また、外の血が入っていなかったことで、なんとなくお互いを傷つけ合うことを避けるぬるま湯体質もあったと思います。

東急電鉄に入ったものの、明日は何の事業に配属されるかわからない。いつかは自分があの事業の担当になるかもしれない。お世話になった先輩がやっている事業だから変な口出しや余計なお節介はするまい、という変な気遣いがありました。

事業に失敗したとしても、責任者を追及しないという優しさもありました。リスクを取ろうが取るまいが、鉄道や開発利益で給料は出るとわかっていると、どうしても失敗に対して甘くなります。

その当時の東急には、他に確実に儲かる事業があっただけに、よく言えば堅実ですが、新しいアイデアを**「石橋を叩いて叩き壊す」**と揶揄されることもあったくらい保守的で腰が重かったのです。

その代わり、何かのきっかけで一度走り出してしまうと、撤退のためのシナリオが用意されていない。「あの人が一生懸命やった事業から撤退するのは忍びない」という声が必ず上がる優しい会社でした。

それでもバブル崩壊後は本当に危機的状態に陥ったため、数ある子会社を清算したり、撤退コストを払ってでも東急グループをスリム化しました。最大で500社以上あった子会社は、相互に重複する事業、将来性がほとんどない事業体を中心に清算、合併、外部売却などをして、今では220社8法人（2018年3月現在）に減りました。

それでも東急が支持され続けた理由

社内実態としてはそのような状況でしたが、それでも社会的には多摩田園都市のイメージや価値が下がることはあまりありませんでした。むしろ地価高騰により実力以上に評価されたという面もあります。

計画的で美しい街並み、そして土地の高騰。分譲の戸建て住宅で億を超えるような物件が出たこともあり、高級住宅地という称号を得るに至ったのだと思います。

そこに一流企業にお勤めの方や、社会的ステータスのある方が移り住んできました。1983年からTBS系列で放送されたTVドラマ『金曜日の妻たちへ』、いわゆる「金妻」ブームが多摩田園都市の高級感、憧れブランドイメージを決定づけたといえるでしょう。

他社の私鉄でも大なり小なり同じような宅地開発は行われてきましたが、多摩田園都市は他の私鉄沿線では例を見ないほどの高い人気を得ました。

一体なぜでしょう。

繰り返しにはなりますが、それは多摩田園都市が他の私鉄の開発とは異なり、田園都市線という鉄道を軸に、**極めて大規模で面的な開発をした**からだと思います。他の私鉄の場合、一団地である程度まとまった宅地開発はしていますが、多くの開発地区がそれほど連担しているわけではありません。

多摩田園都市は最初から鉄道と一体となった開発像を描いているので、駅前広場をきちんと取って、そこから住宅地への動線をしっかりと計画します。生活利便設備の配置なども、ある程度最初から立地をイメージして都市計画を進めます。

他の私鉄にも飛び抜けて高級でイメージの良い駅はあります。小田急の成城学園前、西武の大泉学園、東武のときわ台などがその例です。しかしそれらの駅が路線を代表するか、もしくは全駅がその駅のイメージと同等かといえばそんなことはありません。**やはり沿線全体が面として開発されていないため、良い駅のイメージ＝良い路線、良い沿線のイメージとはならないのです。**交通事業として鉄道路線を敷設するのか、まちづくりの利便性向上のために鉄道路線を敷設するのかは大きな違いではないでしょうか。

東急は鉄道と都市開発の一体的施工を推進し、「都心からほど近い郊外にある緑豊かで生活に便利な田園都市」というイメージを世間に定着させることに成功しました。渋沢栄一・秀雄親子〜五島慶太・昇親子と歴代のトップが構想してきた日本における田園都市はここに実現したのです。

東急のターゲットはシニア層

東急電鉄は多摩田園都市の計画段階から、ある程度その完成形をイメージしていました。

「沿線価値を高める」「沿線のブランドイメージを向上させる」。そういうことは私が入社した当時から呪文のように唱えられていました。

東急が得意としているターゲットは、少し経済的に余裕がある中高年世代です。若い人を相手にしてこなかったわけではありませんが、「ちょっとした上質感」「ワンランク上のクオリティー」といった謳い文句を比較的得意にしていました。

しかし、正直に言ってしまえば、私たちはトレンド性の高い若年層向けの商品、サービスづくりはどちらかというと苦手で、「安定感、安心感はあるかもしれないけど、やや野暮《やぼ》ったい」と評されることもあります。

一方で、一時期ライバルと位置付けられていた西武セゾングループは、逆に流行に敏感な若者の心をがっちりとつかむのが得意でした。

その結果、私たちは必然的に中高年の経済的に裕福な層としっかりとお付き合いしてきました。東急グループがあまり廉価、お値打ちを売りにしないのもそこにあります。供給した住宅も安普請は絶対にしない。ちょっと高めだけど、安心のブランドというイメージが定着しているのはそのためです。

「ワンランク上」「一歩先」。そうした上質感を好むお客様が支持してくれる会社でありたい。しかし、先進性や感度の良さという点は足りなかったかもしれません。

そんな私たちが、多摩田園都市の一次開発が終息を迎えようとした時に、どこに次なるビジネスチャンスを見つけ、どうやって東急ブランドを活かす戦略をとったのか。そして、なぜ東急が選ばれる路線であり続けているのか。次の章でお話ししたいと思います。

第4章　東急沿線が人気であり続ける理由

長年かけて築いた信頼

東急の良さとはなんでしょう。社内から見たらとてもアットホームな会社ですし、昔はのんびりした牧歌的な会社だったと思います。嬉しいことに、「良いブランドイメージ」も頂戴しているようです。

東急電鉄グループの連結売上高は1兆1386億円（2018年3月末時点）で鉄道業界の中で5位。私鉄に限れば近鉄グループに次いで2位（関東の私鉄では首位）の売上高を誇っていますが、「グループ企業の中で業界一番という企業がない」ともよく言われます。東急建設も東急百貨店も東急ストアも東急エージェンシーも、ひとつとして業界で抜きんでた業績を誇る企業はありません。

グループ経営の甘えというのもあるのかもしれません。しかし、東京城西南ローカル地域に密着した総合生活産業グループとして、ありとあらゆる場面でお役に立つ企業群として成長しているのです。

昔は目に見える、手触り感のある商品が売り買いの対象でした。最近では具体的な物質ではなくサービスを扱う時代です。商品は目に見えない、だから買うまではその品質がわからないこともある。そういう時には何を基準にして購買するのか。それがブランドに対する信頼感なのだと思います。

おかげ様で「東急だったら安心だろう」と思ってくださるお客様に多く支持していただいています。

例えば安心のホームセキュリティなら「東急セキュリティ」。沿線には東急ストアなどの商業施設がたくさんあり、ポイントもたまるしクレジットカードも「東急カード」を使っていただくことが多い。

さらに、ケーブルテレビだけでなく、インターネットとIP電話もセットになるから「イッツ・コミュニケーションズ」を使っていただき、家まで注文した品物を運んでくれる身近な御用聞きというのは便利だから「東急ベル」に頼む。また、少し電気料金が安くなるので「東急パワーサプライ」の「東急でんき」に変えてみよう、という方もいらっしゃいます。

こういったことからもわかるように、東急というブランドは沿線のお客様が購買時に選択するひとつの動機になっているのだと思います。

東急沿線から離れない理由

この本を手に取ってくださった方の中で、東急沿線に住んでいる、あるいは住んでいたという方はどれくらいいるでしょうか。

私の肌感覚で恐縮ですが、東急沿線に一度住むと強い愛着を持っていただき、比較的東急沿線から離れない方が多いように思います。引っ越しされても東急沿線内での移動をする方が多いように見受けられます。

私は方々で講演をさせていただく機会があるのですが、比較的教養レベルの高い方が集うシンポジウムなどに行くほど、「東急沿線に住んでいる」あるいは「住んでいた」という方が多いとも感じます。

東急沿線に住んでいると享受できる便利な生活サービスがあったり、文化レベルの高い住人の生活水準を満足させるインフラやカルチャーが揃っているからでしょうか。

横浜市には全18の行政区がありますが、一番典型的な特徴を示す区といえば青葉区です。青葉区はすっぽり全区が多摩田園都市内に位置しますが、この区は横浜市の中でも非常に個性的なキャラクターをもっています。

年収や帰国子女率、私学進学率、外車登録台数など、富裕で知識階層と関連づけられる統計データが突出して他の17区より多くなっているのです。

最近の若い世代は東京の東部方面を選好する傾向があると言われています。注目のエリアであることはもちろんですが、「土地の値段が安いから」「都心に意外と近いから」「下町の人情味あふれる風情が好き」と、それぞれの選択理由があると思います。自分がどこに住むかということは各人の個人的好みが反映されるので、その選択を他人がどうこういう権利はありません。

ただ、かつて関東大震災を契機に、都市インフラが整備され、地盤も比較的しっかりしていて、より安全安心な場所として、東京の城西南地区が選ばれました。家を選ぶ際は、都市のハザードマップなども参考にしながら、いざという時のために「安全と安心を買う」という考え方も必要だと思います。

2011年の東日本大震災。首都圏は震源ではありませんでしたが、場所によっては液状化して暫く住めない状況に陥ったところもあります。幸い東急沿線にはほとんどそういう場所はありませんでした。

他にも木造住宅密集エリア、俗に言う「木密」エリアが都内（東急沿線都内エリア含む）にはまだかなり残されています。いずれやってくると言われて久しい首都直下地震。このような状況では安全な場所というのはそうないかもしれませんが、自分の居住エリアをどこにするか考えるとき、地震、火災、昨今増えているゲリラ豪雨による水害などに不幸にして遭ってしまう時のことも念頭におく必要があるのです。

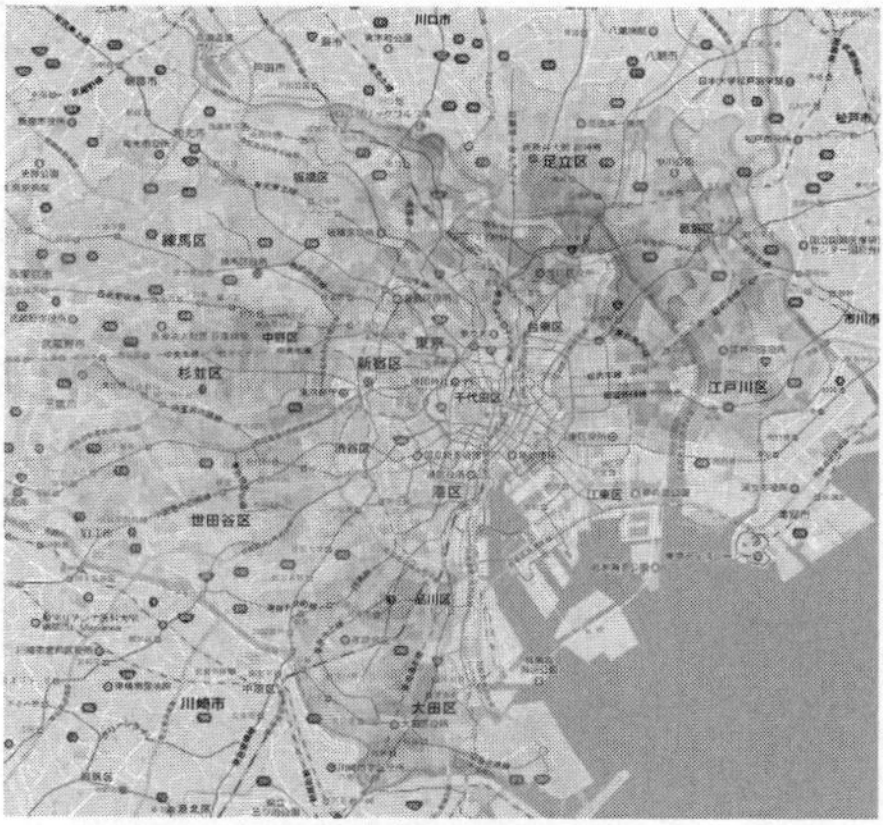

ハザードマップは東部の危険性を高く示す

実は私鉄が走っている土地は地勢的に良くない

仕事柄、地域に古くから代々住む大地主さんや古老の方とお話をさせていただく機会があります。

「昔、五島慶太さんが近くまで視察に来て、そのついでに我が家に来てうちのじいちゃんと話をしていたのを覚えているよ」と聞いたことがあります。五島は地主さんの家を訪れ、「この近郷近在の土地を取りまとめて欲しい」と直談判《じかだんぱん》していたそうです。

地主さんにしてみれば大事な先祖伝来の土地ですので簡単に手放すことはしませんが、五島のまちづくりビジョンに共鳴して協力を申し出てくれる方も数多くいらっしゃいました。

自分の広大な資産の中から鉄道敷設に必要な土地を、どのような基準で選んで提供するのでしょう。

そこは個人財産ですから、田畑であれば収穫量が多い実り豊かな土地は譲らないでしょう。あとは自分が住んでいる母屋周辺も譲らないはずです。

ではどこから売るか。当然、耕作に向いていない土地が候補になります。例えば地形が悪かったり、水が出るような多少地盤が悪いところから売却していきます。それでも、そういった土地を売ってもらったことによって、線路が敷かれ、電車が走るようになりました。

　結果的に谷地形や水路敷のようなところに線路を敷くことになります。自然と地域の地勢的な分かれめに位置することが多く、そこが後の行政境となる傾向があります。

　目黒線の武蔵小山駅・西小山駅周辺は目黒区と品川区の区界、東横線・大井町

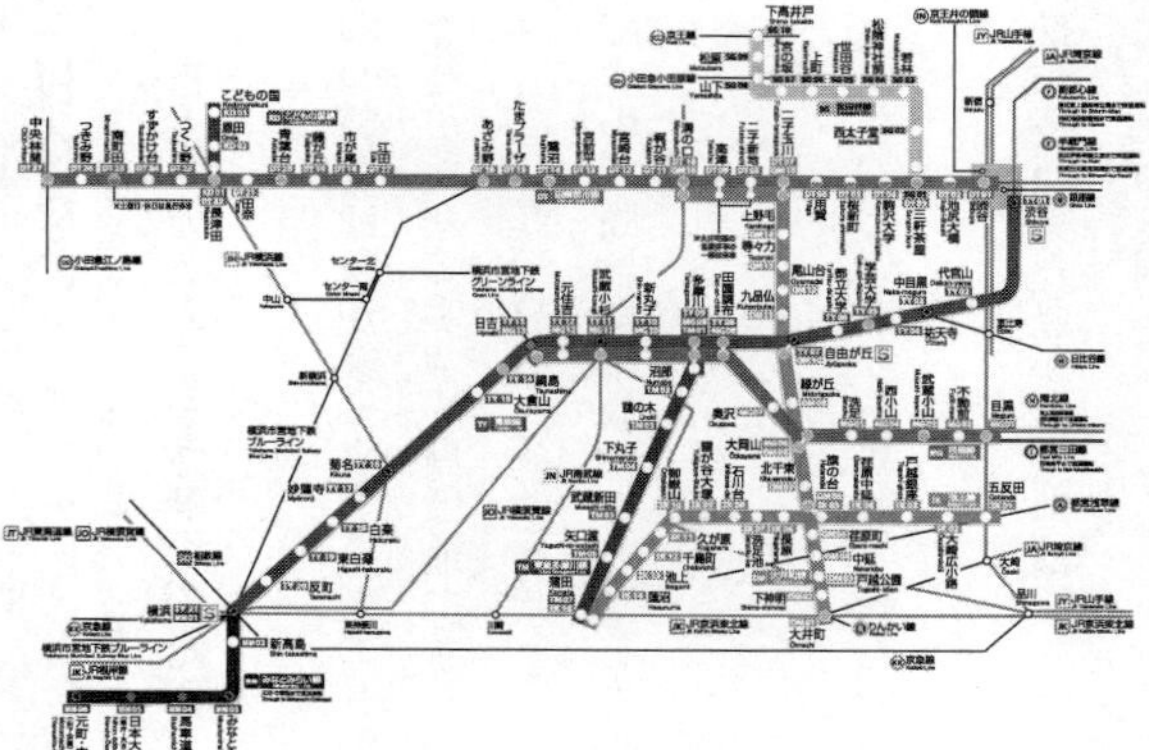

東急全線路線図

線の自由が丘駅周辺は、世田谷区と目黒区の区界、目黒線・大井町線の大岡山駅周辺は、目黒区と大田区の区境を走っています。

災害リスクという観点からみると渋谷が良い例です。渋谷はすり鉢状の谷地形に旧国鉄はじめ地下鉄や私鉄が乗り入れてきて街が発展してきたのですが、大雨のたび何度も低地部分が冠水しています。

そこを改善しようとしているのが、現在進行中の、100年に一度と言われる大土木工事です。皆さんは渋谷駅周辺で高層ビルを造っているプロジェクトだと思われているかもしれませんが、ビル建築以前に渋谷の複雑な地形のマイナス面をプラスに変えていくような工夫をしています。

歩行者動線を整理してスムーズな移動が可能なようにしているほか、地下には4000トンという雨水を貯められる巨大な貯留槽《ちょりゅうそう》を造っています。近い将来にはゲリラ豪雨やその他の災害にも強い「安全安心と便利快適が同居する街」が完成することでしょう。

ターミナル駅でなくなった渋谷

東急電鉄の本社がある渋谷は、東急にとって特別な街です。だからこそ、東京メトロ副都心線が渋谷に乗り入れ、相互直通運転を開始することによって渋谷がターミナル駅でなくなることに対しては社内でも大きな議論がありました。

さらに、乗り入れ先の副都心線「新宿三丁目駅」は百貨店の雄、伊勢丹新宿店の真下に潜る計画でした。東急百貨店の人気、実力、競争力は旧呉服系百貨店と比べて低いと言わざるを得ません。そうなると今まで立地的な利便性で渋谷の東急百貨店を利用していた東横線沿線のお客様が、渋谷を素通りして新宿で買い物をするようになってしまうのではないかという懸念もありました。

あの懐かしい蒲鉾形の屋根に覆われた旧東横線渋谷駅。4番線まである駅のホームからお客様が改札を出ると、すいこまれるように東急百貨店東横店に入っていた光景がいまでも目に浮かびます。

私鉄ビジネスモデル1・0では、このようにターミナル駅前、駅上に商業などの集客施設を設け、お客様をガッチリ受け止め、便利にお買い物を楽しんでいただくというのが定石でした。渋谷駅には各社の路線が乗り入れていますが、地上駅時代には「今から東横線に乗る」という明確なイメージがお客様にもあったと思います。

その渋谷駅が地下に潜って、２０１３年からは副都心線を経由して遥か先の西武・東武沿線まで乗り換えなしで行けるようになりました。お客様にとっては利便性が向上するという面もありますが、渋谷は東急にとってはターミナル駅でなくなってしまったのです。

余談ですが、副都心線・東横線相互直通の祝賀会に列席された当時の猪瀬直樹東京都知事は、その挨拶の中で、「私の眼が黒いうちに西武と東急が同じ線路で結ばれることになろうとは思いもしなかった」と発言し、出席者の笑いを誘いました。

ご存知の通り、猪瀬元都知事は作家時代に『ミカドの肖像』や『土地の神話』といった自著の中で西武グループや東急グループの歴史を明らかにしており、西武vs東急の仁義なき戦いをレポートしてきた方なので、この挨拶には猪瀬氏の偽らざる気持ちが込められていたのでしょう。

失われる路線アイデンティティー

新しい渋谷駅にいろいろな評価があることは認識しています。鉄道だけで言うと、それまでの地上から地下に入って、工事費や工法の問題上、かなり深いところにコンパクトなトンネルを掘ったため、「ホームが狭い」「混雑がひどい」「乗り換えが不便」「わかりにくい」といった厳しいご意見をいただいていますし、これからも改善すべき点はたくさんあるでしょう。

しかし開発側の目線で言うと、地上にあった線路とホームが地下に潜ったことにより、100年に一度と言われる渋谷の大土木工事と再開発ができたとも言えます。

各社の相互乗り入れで便利になりましたが、鉄道会社のアイデンティティーが失われたという意見もあります。西武線、東武線、東京メトロ副都心線、東急東横線、みなとみらい線の5社相互直通という前代未聞の大同連携ですので、同じ線路に各社の車両が乗り入れてくる様をみても、今自分が何線を利用しているのかわかりにくいと思います。

昔から住んでいる人は路線に対して愛着がありますし、ある程度路線ごとの認識はあるでしょう。しかしたまに来る来街者、インバウンドの外国人観光客にとっては、自分がどこの鉄道会社にお金を落としているかなんて気にはしません。

相互直通時代に移動する人にとって、その電車が何線であるかはもはや関係なくなってきているのでしょう。それでも、未だに「住みたい路線ランキング」のようなデータが発表されている通り、住んでいる人にとって路線は依然として大きなアイデンティティーとして認識されています。

２０１３年に60周年を迎えた多摩田園都市の開発のために、東急はこれまでか

東横線新渋谷駅工事

なりの経営資源をこの街に投下してきました。正直に言うと、渋谷と多摩田園都市以外の場所に開発の手を拡げる余裕はなかったとも言えます。

しかし、今から15年ほど前から、東急の他路線にも投資し始めたのは、多摩田園都市の開発に一定のめどが立ったからでした。街の魅力を高めるために、私たちはそれ以外の路線にも注目を始めたのです。

渋谷と横浜が東横線にもたらした恩恵

東横線は昔から人気の路線でした。渋谷からひたすら郊外に向かう田園都市線とは異なり、渋谷の反対側にある魅力的な都市、横浜と通じているわけですから、利便性含めて人気が底堅いのです。昔、五島慶太が「東横線が我々の祖業である」と語っただけのことはあります。

現在でも田園都市線と並ぶ東急の看板基幹路線のひとつですが、歴史的に東横線は区間を分けて建設され、順次開業、延伸してきました。全通まで10年もかからなかったことからもわかる通り、路線の用地買収を急いで駅をつくったため、田園都市線とは異なり、駅周辺の整備はほとんどできていませんでした。

新丸子や菊名などの一部に旧東急の分譲地はありますが、いわゆる多摩田園都市のような区画整理方式も行いませんでした。あくまで単発の宅地開発です。

普通はそういう路線は今ひとつ発展しないことが多いのですが、そんな東横線が田園都市線と二大看板になったのは、やはり人気の渋谷と横浜という都市を結んでいたこと。そのほかにも、中間駅に自由が丘、田園調布のような人気の街があったということも大きかったのでしょう。

ご存知のように渋谷は山手線の主要駅のひとつですし、横浜は文化の香り漂う港町として、昔から存在感がありました。エキゾチックな舶来文化が根ざした先進的で文化的な街。横浜には良いイメージを持たれる方が昔から多かったようです。

加えて2004年には横浜高速鉄道が運営する「みなとみらい線」と相互直通して、それまで桜木町駅が終点だったのが、ルートを変えて先進的なイメージのあるみなとみらい地区を通り、元町・中華街駅が終点となりました。これにより東横線のさらなるイメージアップ効果があったと思われます。

また輸送力の増強を目的に2006年に田園調布駅～日吉駅の複々線化が完成し、その後目黒線経由で東京メトロ南北線と都営三田線とも相互直通したことにより、利便性がさらに高まりました。渋谷以外の都心方面への足も確保され、人気を不動のものにしたのではないかと考えます。

来たる2022年度内には、日吉駅から新横浜駅を経由して相鉄線の西谷《にしや》駅に乗り入れる神奈川東部方面線が開業しますし、東横線を起点に移動できる選択肢がまた増えることになります。

常に人気上位路線である東横線

このように東横線の利便性はどんどん高まり、人気は不動のものとなっていますが、駅周辺の都市基盤は自然発生的で駅前機能が比較的未整備な点は否めません。

それでも、最近では街に対する評価のトレンドが変わってきて、再び東横線沿線は脚光を浴びるようになりました。

人間味ある街並みが残った東横線

かつてはアメリカ型のモータリゼーションを前提にしたまちづくりが賞賛されました。日本のまちづくりもアメリカを見習い、モータリゼーション到来を見越して、自家用車の普及に対応していきました。

車の普及で移動できる範囲は広がり、同時に住宅や商業施設などの立地も駅から離れて郊外化し、生活圏も飛躍的に拡大します。通勤圏は一時都心から60キロ圏くらいにまで広がりました。

自動車移動に適した街が評価された時期が長く続き、千葉、埼玉や神奈川には鉄道も走っていないような場所に大規模団地ができたりもしました。いわゆるドーナツ化現象です。地価高騰と住環境の悪化を理由に、街はどんどん郊外化していったのです。

しかし、人口減少、超高齢化社会に突入した今、都市圏は逆に縮小していっています。人口の都心回帰が起きているのです。

郊外の宅地は車を中心に生活していた人たちが高齢になって免許を返納してしまうと、そこはもう陸の孤島です。商業施設がかってあったとしても、高齢者が増えて消費が落ち込むと撤退してしまい、その結果住民は日常必需品さえ満足に買えない「買い物難民」になってしまいます。

現在は交通手段を車だけに依存した街は評価されません。近年はＴＯＤ（Transit Oriented Development・公共交通指向型開発）が世界的トレンドになっています。

これは公共交通機関を軸にした都市開発のことで、自動車に依存しない**「歩いて暮らせる」「歩いて楽しい」「歩いて健康になる」**という、低炭素型社会を理想とした開発が目指すべき都市の姿だと考えるものです。

車の交通量が増えていった時代、自動車交通の妨げになるということで、路面電車やトロリーバスなどはどこの都市でも廃止されました。しかし、今はヨーロッパを中心に、街中にはトラムあるいはＬＲＴ（Light Rail Transit）と呼ばれる路面電車が復活し、むしろ中心街への車の進入を規制する、かつてとは真逆の交通・都市政策に切り替わってきています。

この政策は幅広い世代の移動の自由を保障するという社会政策の視点からだけでなく、エネルギー効率の悪い移動手段を減らし、低炭素社会を目指すという環境政策からも高く評価されています。

東急電鉄の鉄道営業路線距離は約１００キロ程度。年間輸送人員は11億６０００万人。他の私鉄と比較しても短く効率が良いのが特徴です。そこに網の目のように鉄道ネットワークを構築しており、その短い営業路線距離内に97の駅を配置していますので、必然的に駅間は短めになります。

バスの停留所より少し長いくらいの駅間となっていますので、１～２駅を歩くことも十分可能です。それらの各駅前や駅上に利便施設が設置されているので、まさに東急電鉄はＴＯＤという言葉がなかった時代から「ＴＯＤの代表選手」だったとも言えるでしょう。

そう考えると東横線というのは、駅前の開発については確かに計画性がなく、自然発生的でしたが、それゆえ逆にヒューマンスケールの温かい人間味のある街が残ったとも言えるのです。

これからの東横線

東横線、特に神奈川エリアの駅には、これから大きく変貌を遂げていく街が含まれています。

すでに武蔵小杉駅には川崎市の都市計画方針により元工場だった跡地に次々とタワーマンションが建ち並び、街の様子も一変しました。子育て世代を中心に大規模な民族移動が進んでいますし、都心にも負けないような商業施設も多数でき、住みたい街ランキングの上位にランクインするまでになりました。

次に変わってくる可能性があるのが日吉駅～綱島駅周辺です。前述した東部方面線が近い将来完成すると、この一帯の利便性はさらに向上します。特に「新綱島駅（仮称）」という新駅ができるエリアは、駅周辺の再開発機運が高まっています。綱島街道の拡幅も予定されており、日吉側でも工場跡地で大規模開発が進行中です。あのアップルの研究所も入居する「Tsunashima サスティナブル・スマートタウン」は、すでに２０１８年にまちびらきしています。

　これまで東急は東横線沿線で大きな開発はやってきませんでしたが、今後はこ

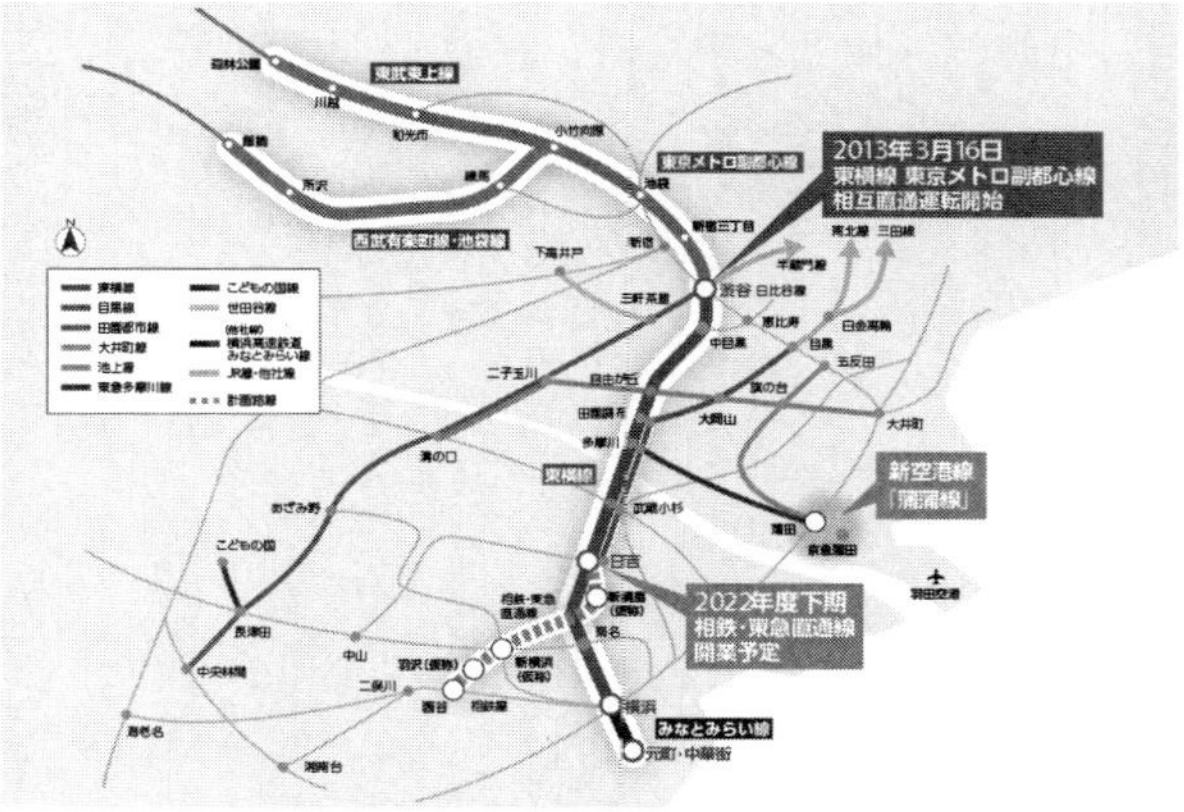

相鉄・東急直通線 路線図（予定）

うしたさまざまな動きが契機となり、周辺でも開発機運が高まってくることでしょう。

東横線はこれからどうなっていくのでしょうか。

渋谷駅というターミナルはなくなりましたが、みなとみらい線、副都心線、目黒線、南北線、三田線、日比谷線（2013年に相互直通は廃止）と行き先のバリエーションは増えていますし、利便性が高い路線として輝き続けるでしょう。

タワーマンションや大規模開発も目白押しで、子育て世代を中心に変わらぬ支持を得ていますし、昔ながらの駅前商店街も元気です。古いアパートやマンションもたくさん残っていますので、学生や20代の若者でも手が届く安い住居もあります。東横線に魅力を感じる人はこれからも変わらずたくさんいることでしょう。

高まる世田谷線、池上線の人気

人気路線の東横線と比べ、これまでやや地味であまり耳目を集めてこなかったものの、今後注目されるのは、世田谷線と池上線だと考えています。

大きな理由として、東急が有する他路線とは違い、他社乗り入れをしていないので、独自路線イメージがつくりやすいことが挙げられます。いい意味でのローカリズムがあって、それを好む人も多い。池上線や世田谷線にはコンパクトな街のサイズや、人との程良い距離感、のんびりとした空気があり、居心地の良い毎日の中で自分が街の主役になれると感じることでしょう。

特に池上線・多摩川線が走る大田区エリアは２０１５年を起点に見ると、人口の伸び率が東急沿線で一番高いのです。

東横線沿線とは異なり、この両線の駅周辺には大規模な開発余地はありませんので、今後街並みが大きく変わることもほとんどありません。むしろリノベーションなどにより、街の景観を変えることなく、中身がアップグレードされてくることが期待されます。

現在、東急電鉄では池上線を「生活名所」と銘打って、地域の商店街などと協働してかつてないほど力を入れて独自の沿線ブランディングを進めています。世田谷線沿線でもＮＰＯや地元商店街とともに、花植えや食べ歩きイベントなどを連携したり、観光系ベンチャー企業と協働してインバウンド観光客を誘致したりして、ありのままの世田谷線を楽しんでいただく活動をしています。

若く感度の良い人たちを中心に、池上線や世田谷線が持つローカリズムを再評価する動きもあります。

駅で言うと世田谷線の松陰神社前駅や上町駅、山下駅（豪徳寺の周辺）、池上線では戸越銀座駅や洗足池駅、池上駅などが注目されています。

良い街の条件はいろいろあると思いますが、活気ある商店街や個人経営の個性的な店がたくさん残っていることに集約

これから注目される池上線

されるのではないでしょうか。

企業がショッピングモールを計画する場合、ある程度の資本力と信用力があるテナントを入れざるを得ません。その結果、日本中のショッピングモールが同じようなテナント構成となり均質化してしまっています。

創意工夫を凝らした個人経営の店がどれだけ残っているか、車の往来を気にせず、ゆったりと街を歩いて移動できるか。こういう要素がこれからの街の価値の向上につながっていくと私は思います。

目黒線の武蔵小山駅前には、かつてとても魅力的な猥雑《わいざつ》な飲み屋街が残っていましたが、今は市街地再開発事業によって跡形もなく取り壊されてしまいました。数年内にタワーマンションが建ちます。駅前から続く巨大アーケード街も賃料高騰により生業で経営している店はほとんどなくなり、全国チェーンのお店ばかり。便利ではあるでしょうが、面白さに欠けてしまいました。アーケード街の一本裏道に入ると味わいのある店がいくつか残っているのがせめてもの救いです。

沿線の個性を大事にしながら開発を進めることは簡単なことではありませんが、それが私たちの使命でもあると考えます。これらの路線は距離が短くコンパクトなので、路線の個性を出しやすいのも強みです。

田園都市の再生

東急沿線全体の人口は、2018年の推計ベースで2035年がピークと予測していました。以前の調査では2025年がピークと予測されていましたので、人口減少に転ずる年次が10年も後ろ倒しになったことになります。

これは首都圏レベルでの都心回帰傾向と、東急沿線人気による社会増などによるものです。直近の統計データでは東急沿線人口は約530万人となっており、10年前と比較しても約28万人も増加。日本全体が人口減少社会に突入していることを考えれば、東急沿線の人口増加ぶりは目を引くものがあります。

しかし人口が増えているからと言って安心はできません。東急沿線も確実に高齢化はしています。生産年齢人口は、2025年をピークに減少に転じます。

町丁目別の人口動態をみると、田園都市線の青葉台駅のバス圏などでは人口が高齢化と同時に減少している地点が出てきました。

かつて多摩田園都市は「新興住宅地」と言われていました。しかし、このままの傾向を放置していると、ニュータウンはあっという間にオールドタウンへと変わり果ててしまうでしょう。まちづくりデベロッパーとして、東急はそれを傍観しているわけにはいきません。

都心を中心とした同心円をイメージしてください。経済的な発展と人口膨張が落ち着くと、都心から遠いところから、徐々に人口は少なくなっていきます。それは均等に少なくなるわけではなく、「手のひら」のように、指にあたる鉄道路線に至近のエリアはまだ大丈夫ですが、指と指の間、つまり交通利便性の悪いエリアから住人が欠けて縮小していくのです。

また路線別でも等しく縮退しているのではなく、東武沿線や西武沿線の遠隔地や京急沿線の三浦半島方面などは人口減少、高齢化ともに問題となっています。

人口のパイはどうしても減ってやがてマイナスサムになりますから、創意工夫をして

「選ばれる沿線」にしていかないと地域間競争に負けてしまいます。

東急は「交通」「不動産」「生活サービス」という三つの柱を基本として、広く事業を展開しています。開発の終わりは仕事の終わりではありません。一次開発が終わり、宅地販売が済んだからといって高齢化が進んだ地域をそのまま放置してしまうと、通勤・通学する人が減って鉄道収入が得られなくなってしまいます。

駅前、駅上にたくさん投資してきた商業施設や生活サービス関連施設の利用が少なくなると、街そのものが衰退してしまいます。これは東急にとっての最悪のシナリオです。初期の開発とはまた違った手法を編み出して、反復継続して再投資・再開発・再生事業を続けていかなくてはならないのです。

東急グループ全体として、新たに沿線に人をたくさん流入させることも大事ですが、いったん流入した人が定着して、そこで一生安心して楽しく快適に住み続けていける環境を維持していくことも等しく大事です。

多摩田園都市は多摩丘陵沿いに開発されたため、坂道や階段が多いことが街の特徴になっています。30代、40代でこの街に移住してきた頃は、まだ体力もマイカーもあるので、そんな土地の起伏も街の風格に映ったことでしょう。

しかし、体力の落ちた方、障害を抱えた方、運転免許を返納した方などには極めて住みにくい街の構造をしています。それは多摩田園都市を開発した頃には、いずれそのような社会が到来するとは想像しきれていなかったからです。

東急グループでは鉄道とバスは運行していますが、その他の多様なモビリティサービスを提供できていません。今後は少人数での短距離移動に向いた「パーソナルモビリティ」や好きな時にどこでも乗り降りできる「フルデマンドバス」、あるいはシェア型のモビリティサービスなどを街中に充実させていく必要があります。

「この街に引っ越してきて良かった」「この家を終の棲家としたい」、そう感じて人生の最後まで安心安全、便利、快適に過ごしていける、そんなまちづくりをすることがまちづくりデベロッパー東急の使命だと考えています。

誰もが必ず迎える「老い」という現実。「街」とは生き物であり、まちづくりとは一旦造り上げた街に継続的に手を入れながら、その後も見守り続けること。その責任が東急にはあると思っています。

第5章　東急沿線で人気の街

二子玉川の発展の歴史

この章では東急線沿線の中でも人気がある注目の街についていくつかお話しします。田園都市線・大井町線の二子玉川駅はかねてより高い人気を誇っていましたが、第一期（2011年）、第二期（2015年）の2回に分けた駅前大規模再開発事業によって「二子玉川ライズ」という新しい顔が生まれ、その人気はさらに高まりました。

それまで二子玉川にはなかったオフィスビルもでき、楽天本社をはじめとするいくつかの企業が入居しています。確かに以前から世田谷区の住みたい街としての評価は高かったですし、玉川髙島屋が日本を代表する素晴らしいショッピングセンターを運営していますので、買い物にも便利な街ではありました。

しかし、「働く」という要素はほとんどなく、朝の通勤ラッシュを終えると、なんとなくのんびりした空気が流れる街でした。

それが再開発によって、オフィスへの通勤者とライズのショッピングセンターに来街する人の流れが生まれ、平日休日を問わず朝から夜まで人通りが絶えない街に変貌しました。

二子玉川ライズ開発前の2010年の二子玉川駅の乗降人員が約10万人だったの対して、2017年度の乗降人員は約16万人。私鉄の駅でここまで短期間で乗降人員が増加する例は滅多にありません。

かつて二子玉川は、1907年に開業した通称「玉電」と呼ばれた玉川電気鉄道玉川線（後に東急電鉄に買収される）の終点でした。玉電は二子玉川付近の砂利を採取して都心に輸送することを目的とした電車で「ジャリ電」とも呼ばれていました。1934年に二子橋より下流での砂利採取が全面禁止されて

風光明媚な景勝地だったころの二子玉川

からは、旅客輸送に軸足を移します。

二子玉川の発展の歴史は「三つのフェーズ」に分けて考えることができます。

第1の波は大正から昭和初期にかけて風光明媚《めいび》な観光景勝地として発展した時期です。二子玉川は目の前に一級河川の多摩川が流れ、後背地の国分寺崖線《がいせん》には緑豊かな丘があり、富士山も望める絶景の場所です。

その崖線沿いには政財界の著名人たちの別荘が建ち並び、川沿いには料亭が軒を連ね、目の前で釣れる鮎などを供し、舟遊びをするといった風情のある光景が見られたそうです。

しかし、周辺が宅地化されてくるにつれて建物が増えていきました。また生活排水が多摩川に流れ込み、川が汚れて鮎も釣れなくなると景勝地としての価値は下がり、料亭も廃れてしまいました。

そこに新たな都市住民のためのレジャー施設が必要だということで建設されたのが遊園地でした。1954年には駅名が「二子玉川園駅」に改称され、名実ともに郊外レジヤー施設の街として発展します。

「タマタカ」の出店とライズの開業

第2の波は玉川髙島屋ショッピングセンターができた時期です。1969年にできた「タマタカ」と親しみを込めて呼ばれる同施設は、日本初の本格的郊外型ショッピングセンターでした。高度経済成長の波にも乗り、世田谷区をはじめ広い商圏内に居住するようになった富裕層を相手に、非常に良質で高感度な商業施設を運営しました。

それまで東急は、多摩田園都市の開発に集中していたことから、高島屋の二子玉川進出に全くノーマークでした。東神開発（玉川髙島屋ショッピングセンターの開発運営をする会社）が二子玉川駅の西側で土地を取りまとめ、ある日突然一夜城のように出店計画を発表したときに東急は大きな衝撃を受けました。社内ではそれを問題視し、社員は新規店舗の情報収集や対策に奔走したそうです。

しかし最盛期は年間1000億円を超える売上を叩き出す怪物ショッピングセンター

のブランド力のおかげで、結果的に二子玉川の知名度、人気は飛躍的に上がりました。

そして第3の波は2011年に東急が運営する「二子玉川ライズ」ができたことです。かつて遊園地があった場所を再開発してできた複合施設で、玉川髙島屋ショッピングセンターと反対側である駅東口に位置します。

計画が明らかになると、今度は逆に玉川髙島屋ショッピングセンター側が警戒したことでしょう。

しかし、高級なラインナップは髙島屋、カジュアルラインは東急が担うというマ

空から見た現在の二子玉川の様子

ーチャンダイジング上のすみ分けができた上、ライズには商業以外のオフィス、シネマコンプレックス、ホテル、スタジオなどの西側にはない機能もあります。ライズがオープンしてから玉川高島屋ショッピングセンターの売上が激減したわけではありません。

かえって、ライズの開業によって住民数、来街者数、就業者数が増え、二子玉川全体のマーケットボリュームは大きくなりました。またライズ開業後に玉川高島屋も店舗リニューアルするといった具合に、双方切磋琢磨していけるので、全体の街の魅力度は上がり、顧客の選択の幅は広がりました。

都心にオフィスを構えることは良いことなのか？

二子玉川ライズの開発にあたっては、普通に考えれば世田谷区は住宅区なので、マンション群と商業施設の組み合わせというパターンもあり得たと思います。しかし、これ以上二子玉川に住宅ばかり造っても仕方ないということで、二子玉川ライズには業務施設を誘致する都市計画に決まりました。

実は二子玉川の再開発事業は1982年に「二子玉川東地区で再開発を考える会」が発足してから、さまざまな地元との調整や、景気変動の影響を受けて、なかなか着工に漕ぎ着けられませんでした。

都市計画が決定したのが2000年のことでしたから、10年後のオフィス市況などわからないまま大規模なオフィス床の導入を決定したことになります。

実際に建設に着工し、この場所にオフィス棟を建設するという段になってから、社内では「本当にこれだけのオフィス床を埋められるのか」と悲痛な叫びが担当部門からあがったものでした。

東急グループはこれ以前に同じ世田谷区の隣駅、用賀駅で「世田谷ビジネススクエア」というオフィスビルを運営しています。とはいえ、いかに人気の二子玉川といってもテナント誘致には苦労するのではないかと予想されていました。

しかし、当時の経営陣は「都心から家賃の安さにつられてやってくるようなテナントは選ぶな」「このような優れた環境のところでクリエイティブに働きたいというテナントを誘致するように」と檄《げき》を飛ばしました。

あわせて二子玉川を本当のクリエイティブシティに育てていこうという目標を掲げ、2010年には「クリエイティブ・シティ・コンソーシアム」という団体を設立しました。同コンソーシアムの会長には、元東京大学総長の小宮山宏先生にご就任いただき、設立趣旨に賛同する多数の企業や学術機関とともに、さまざまな先進的なプロジェクトや社会実験を二子玉川周辺を舞台としながら推進して、二子玉川の新たな可能性について議論、発信してきました。

その後のリーシング部隊の努力もあって、2011年の一期オフィス棟はなんとか満室稼働でスタートできました。

2015年の二期オフィス棟には楽天本社が品川区から一棟丸借りで移転してきてくれました。このニュースは大きく取り上げられました。「二子玉川で働くという選択もありなんだ」と、多くの人は思ったことでしょう。

二子玉川という街に働く場ができたというのは、東急の都市経営戦略を考える上で非常にエポックメイキングなことだったと考えています。

私鉄ビジネスモデル1・0というのは、郊外の宅地を販売し、そこに居住したお客様に毎日電車で通勤してもらい、ターミナル駅に商業施設などの利便施設を設けてお買い物を楽しんでもらうというものです。

ただしこの1・0モデルでは、朝は上り方面、夜は下り方面の片方向だけの電車が大混雑して、逆方向の電車はガラガラということになります。逆方向への輸送力強化は私鉄各社の悲願ですが、観光地のない東急にとっては、日中に郊外方面に輸送需要をつくることができていませんでした。

しかし、二子玉川ライズ竣工以降は、まだ充分ではないものの都心方向から逆方向の電車に乗って通勤するお客様や、混雑した上り電車から二子玉川で下車していくお客様などが、混雑緩和、平準化に寄与してくれたのです。

「二子玉川や世田谷でも働ける」が与えた影響

すでに高齢化問題が生じている郊外部では、息子や娘たちが社会人などになると郊外の実家には戻らず、都心側に居を構えてしまい、益々郊外の高齢化に拍車がかかるという事態が起きつつあります。

若い世代は共働きが多く、特に高学歴女性の就業機会は都心ほど多いので、どうしても都心部で就職します。また仕事をしながらの子育てが始まった場合も保育環境などを考慮すると、すぐにお迎えに行ける場所がいいということになります。

二子玉川のような都心と郊外との中間エリアに自分らしい働き方ができる場所ができたということは、上記の両方の面で効果が生じ、郊外部の魅力の再評価につながります。混雑時の通勤はやはり誰でもつらいもので、**「痛勤」**とはよく言いました。超富裕層は港区などの都心の一等地に住むこともできますが、一般的にはそうはいきません。「二子玉川や世田谷でも働ける」という、都心以外の中間エリアに良質な業務立地を整備していくことが大事なのです。

これからの時代、ＩＴデバイスやネットワーク機能の飛躍的向上により、場所を選ばない働き方が可能になっていきます。現時点では都心オフィスは未曽有の好景気で、次々と高層オフィスビルが建設されても、なお空室率は低い状況です。特に成長著しい

ＩＴ企業は、業容の拡大とともにものすごい数の社員を採用しますので、オフィススペースの需要が比較的短い期間で増えていきます。

同時に優秀なＩＴ技術者を奪い合う状況も発生しており、より魅力的な企業、働きやすい企業としてアピールしていく上でも、オフィスの立地や広さ、アメニティの充実度にこだわることが重要視されてきています。

将来の状況を考えていくと、都心のオフィス賃貸料はさらに上昇していきますので、多くの企業ではオフィス賃料がコストとして企業経営に重くのしかかってきます。都心にオフィスを構えることがなくなることはありませんが、全ての社員を都心の一等地に通わせて、集めることにはいずれ無理が生じてくるかもしれません。

特にクリエイティビティを競争力の源泉と考える企業は、四角四面のコンクリートジャングルのようなオフィス街にいるよりも、五感が刺激されるような環境や生活者の息吹が感じられるような街、あるいは緑豊かで新しい発想が生まれるような街で仕事をしてもらうことに価値を見出していくことになるのではないでしょうか。欧米では、すでにそういう事例が普通に成立しています。

そのためには山手線の外側の城西南地区に位置する東急沿線の多様な魅力や価値をもっと高めていかねばなりません。

そういった視点で考えると、二子玉川はまだ開発の可能性があると考えています。二子玉川はライズがグランドオープンしたことで街が完成したわけではありません。ライズができたことで、来街者の属性含め、街の雰囲気が変わってきました。この街をクリエイティブシティにしていくためにも、さらに街に不足する新たな都市機能を付加していくべきだと考えていますし、多摩川を挟んだ川崎市側も充分に開発の余地があります。

渋谷と東急が歩んで来た道

さて、東横線は、なぜ渋谷を発着駅に選んだのでしょうか。

歴史的には1885年に日本鉄道（後の国鉄～JR）が赤羽～品川間を開通させた際に渋谷駅が造られました。その後、いち早く渋谷駅に接続したのは、東横線ではなく、後に東急に合併された玉川電気鉄道玉川線でした。その後市電や玉川電気鉄道天現寺線などが接続し、東横線が渋谷に駅を開業したのは1927年のことでした。

当時、山手線の内側は市電のテリトリーで、私鉄各社は今の山手線の各駅をターミナルとしていました。その中で、東横線は繁華街として発展しつつあった渋谷を選んだということになります。


東急は1934年に、早くも阪急の小林一三のやり方を見習って、渋谷駅直結の東横百貨店を開業しました。その後、文化施設「東急文化会館」や商業施設を次々と造っていきます。「東急百貨店本店」「東急Ｂｕｎｋａｍｕｒａ」「ＳＨＩＢＵＹＡ１０９」など、歴史的に見ても渋谷の発展に寄与した重要な施設が次々と建てられていきました。

１９５０年には東急電鉄の本社屋も渋谷区桜丘町（現在のセルリアンタワー）に構えることになり、名実ともに東急の中でも一番特別な駅になりました。

１９６８年に西武百貨店が渋谷に進出してきて以降、「東急（五島家）vs西武（堤家）戦争」と呼ばれる競争が始まります。伊豆箱根戦争、軽井沢戦争などでも小競り合いはありましたが、私鉄同士の覇権争いは電車以外でも熾烈《しれつ》を極めました。

　東急としてはもちろん、西武が進出することに対する危惧《きぐ》があったようです。若者のトレンドを捉えるのは、西武の方が圧倒的に上手だったという事実はお伝えした通りです。

　しかし、百貨店だけでなく、西武が公園通りにパルコを複数棟構えてから渋谷はさらに発展を続けました。

「オシャレな西武」「やぼったい東急」という対極のイメージが定着していったものの、こうした競合会社の進出によって、「渋谷は若者に人気の街」としてのイメージを不動のものとします。この2社の切磋琢磨は、悪いことばかりではな

渋谷の歩行者天国（1970年）

かったと思います。

かつての日本占領アメリカ軍居住地域「ワシントンハイツ」があった場所に、1964年に東京オリンピック放送センターが建設され、後にNHKが内幸町から渋谷に引っ越してきたことも大きかったでしょう。メディアの要となる公共放送が来たことで、渋谷のプレゼンスは全国区となりました。

先ほども述べた通り、東急はかつては若者の心をつかむのが苦手でした。西武グループがパルコを筆頭に大旋風を巻き起こしていた頃、1979年に東急グループも負けてはいられないとして造ったファッションビルが「ファッションコミュニティ109（現在のSHIBUYA109）」でした。

当初は普通の若い女性向けテナント構成でそこそこの営業成績でしたが、ある時の責任者が、思い切ってギャルファッションに舵を切ったら大成功。ギャルの聖地とまで言われ、その後コギャル、ガングロブームにも乗って「マルキュー」と愛称で呼ばれた同施設は一大ムーブメントを起こしました。

この辺りから、東急のブランドイメージも少しずつあか抜けてきたのではないかと思っています。

渋谷再開発の目玉はアーバン・コア

東急電鉄はこの数年ずっと渋谷の開発に力を入れています。その大きなきっかけは副都心線の渋谷乗り入れと東横線との相互直通運転が決まったことです。鉄道が地下化されることで、渋谷の再開発の計画が具体化していきました。

日本経済に大打撃を与えたバブル経済の崩壊後、政府・金融機関・民間企業は、当初の想定以上に長い間不良債権処理に時間と金を浪費してきました。

そこで、不良債権化した不動産を証券化することによって、焦げ付いた不動産の流動性を高め、いち早く大都市圏を中心に都心機能の高度化により国際競争力を高め、日本経済を活性化する。

そんな目的を持って、2002年小泉政権時代に可決、成立したのが都市再生特別措置法です。

これによって認定を受けた都市再生開発案件は、国の重要開発案件と位置付けられ、手続きの短縮化や各種補助などの優遇制度の適用、都市計画規制の緩和措置など、地域経済に活力を与えるような、より大規模で前例のない都市開発が可能となりました。

東京都内でもいくつかのエリアが選定されましたが、渋谷もそのひとつとして特定都市再生緊急整備地域に認定されました。これが今の渋谷の大規模再開発を誘発する大きな契機となったのです。

渋谷はすり鉢型の谷地形状にいくつかの鉄道路線が乗り入れ、そこが自然発生的に繁華街となりましたので、都市インフラが錯綜していて災害などに対して大変脆弱な状況です。渋谷の都市再生においては、長年の課題だった都市インフラを抜本的に整備し直すことも大きな目的のひとつでした。

ここ数年、渋谷駅周辺は工事に次ぐ工事という状況が続いていますが、その全部を東急電鉄の事業としてやっているわけではありません。渋谷駅周辺には実に多様な施設管理者が相互に入り組んでいる状態です。

国道２４６号線があり、東京都道もあり、上部には首都高速道路がある。鉄道会社もＪＲ、東京メトロとの調整もあるし、駅下部を流れる渋谷川の管理は東京都下水道局というように、ひとつの開発事業の協議調整だけでも大変膨大で複雑な内容を含んでいました。

こうした一連の開発によって渋谷は災害に強い街に生まれ変わりますが、もうひとつの目玉が交通結節性の向上です。

これまで渋谷駅は営業主体が異なる鉄道路線間での乗り換えがしにくいという状況がありました。それが東横線が地下化されたことにより、跡地を利用した再

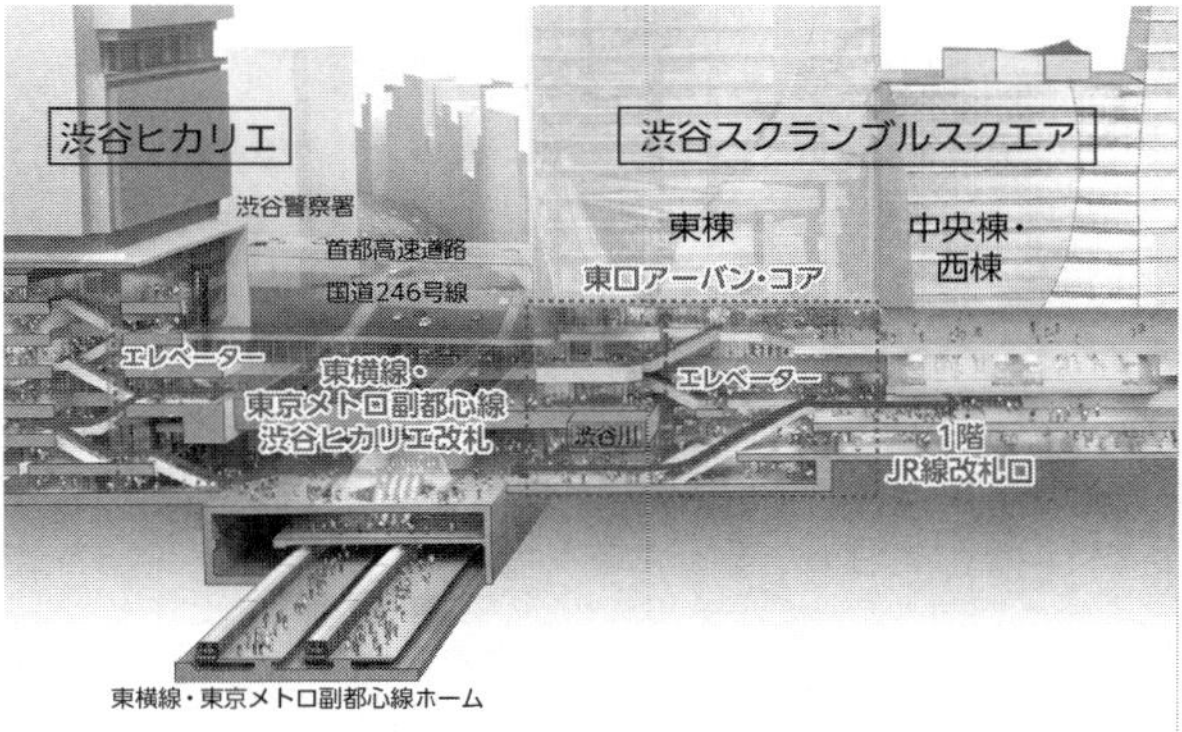

アーバンコアのイメージ図

開発ビルができるとともに、遠くに孤立していたＪＲ埼京線の駅を山手線渋谷駅の隣に移動できるようになりました。

また、将来東急百貨店東横店を解体し再開発ビルを建てるのに合わせて、東京メトロ銀座線も渋谷ヒカリエがある表参道寄りにホームが移動します。

これらの一連の交通動線の改良により、各社の路線が近接し、比較的わかりやすくスムーズに鉄道間の乗り換えができるようになります。

またそれぞれの再開発ビルには「アーバン・コア」という、人の移動を縦方向にスムーズに行う竪穴が計画されています。ここにエレベーター、エスカレーターが設置されますので、これまでの谷地形に関係なく、地下からビルの上層階までといった行き来がしやすくなるのです。

ＩＴ企業がオフィスを構える街に

私が社会人になって渋谷のサラリーマンになった頃は、渋谷に大規模オフィスなどはありませんでした。当時の渋谷はお酒を飲んだり遊んだりするところで、仕事をしにいくようなところではありませんでした。

しかし、今はＩＴ企業が集積する街となっています。

１９９０年代後半から、渋谷にあまたある雑居ビルの一室などで起業したＩＴベンチャーは、２０００年以降のＩＴバブル景気に乗って大きく成長したり、上場したりしました。このことをシリコンバレーに模して、コンピュータのビットにもかけて、渋谷はビットバレー(Bitter＝渋い・Valley＝谷）と言われた時代が

大規模オフィスもある複合ビル・渋谷ヒカリエ

あります。

この街で育った若きＩＴ企業の社長は、ラフでカジュアルな雰囲気のある渋谷が気に入りました。ここで遊んで、ここで仕事をしてという具合に、オンもオフも渋谷に育ててもらったという感覚を持っている経営者が多いのです。

企業として成長してからも「大手町みたいな街には行きたくない」「ダークスーツを着ている人ばかりの街は嫌だ」と考える経営者が多いようです。

こういう気概を持った方が渋谷を愛してくれるのは大変ありがたいことです。しかし残念ながら、それまでの渋谷には成長した企業を受け入れるための大きな器、つまり大規模オフィスがなかったのです。

渋谷は大好き、だけど身の丈が大きくなりすぎたら入居できるオフィスがないということで、いくつかのＩＴ企業が渋谷を離れていきました。

しかし、特定都市再生緊急整備地域に指定されて以降、渋谷には従来なかった大きなフロアプレートを持つビルが造られるようになりました。

そのトップバッターとして2012年に開業したのが「渋谷ヒカリエ」です。ヒカリエがあった土地は、東急文化会館があった場所でした。地下化された東横線が代官山駅から地下にもぐり、明治通りの下を通って、新たな渋谷駅を造ることになりましたので、その新駅と直結する形で駅の真横に計画されたのが渋谷ヒカリエでした。

このヒカリエは商業施設だけでなく、大規模なオフィス、ミュージカル専用劇場、大規模ホール、クリエイティブフロアなどを備えた多機能なビルとなっています。

2018年9月に開業したばかりの「渋谷ストリーム」のオフィス棟にはグーグル日本法人が入居するなど、ディー・エヌ・エー、GMOインターネット、サイバーエージェントなど著名なIT企業が渋谷に集結し、明らかに大手町のオフィス街とは違う様相を呈してきました。

そして、これだけ有力なIT企業が集積すると、必然としてIT人材も集まります。その結果、関連産業の集積も期待できますし、他のIT企業にとってもこの街で優秀な人材を採用しやすい。そういった好循環が生まれています。

オフィス街というと、千代田区・中央区・港区・新宿区・渋谷区という都心5区が広く認知されています。

法人数だけなら千代田区・中央区・港区などの方が圧倒的に多いのですが、ことIT企業の新規起業数だけをみると、渋谷区が一番多いのです。

そもそものオフィスビル数が少ないという理由もあるのですが、現時点で都内オフィスマーケットの中でも渋谷区は一番空室がないというデータもあります。まだまだ渋谷には質の高い大きなオフィスがたくさん求められているのです。

渋谷圏を豊かにする〝プラチナ・トライアングル〟

渋谷に関しては未発表の開発計画も多数あり、この街の大改造計画はまだ続きます。東急電鉄は渋谷駅から2・5キロ圏を「広域渋谷圏（Greater SHIBUYA）」と設定して、これからも巨大投資を続けていきます。東急にとって渋谷の開発を続けるということは2大基幹路線、東横線、田園都市線沿線のまちづくりに影響力を与えることにつながります。

確かに東横線は副都心線に、田園都市線は半蔵門線に相互直通していますので、もはやターミナル駅という性格はなくなってしまいましたが、多くのお客様にとって今も目的地としての渋谷は健在です。

東急沿線には学歴的にもキャリア的にも大変優秀な人材が多数居住しています。しかし、現在は通勤先が大手町など都心方面であるケースが少なくありません。東横・田園都市の両路線とも通勤時は非常に混雑していますので、それをもっと職住近接可能な地域にして緩和したいと考えています。

渋谷のＩＴ企業の中には、優秀な人材を確保し、効果的に働いてもらいたいという考えから、「２駅ルール」といって、渋谷から２駅以内に住むと福利厚生的に有利になる制度を設けている企業もあります。そのため、三軒茶屋や中目黒辺りのエリアは、そうした方々の生活圏として人気を得ています。

東急にとっても広域渋谷圏を豊かにしていくことは、結果としてその外縁部も豊かで魅力的なエリアにできるというメリットがあります。このような流れを加速していき、今後は**渋谷・二子玉川・自由が丘を結ぶ三角形状のエリアを「プラチナ・トライアング**

ル」と称して、さらに活性化を図っていきたいと考えています。

猥雑さが魅力の自由が丘

渋谷、二子玉川とともにプラチナトライアングルの一角を担う自由が丘は、古くからおしゃれなイメージがあって人気の街ですが、都市開発視点でみればまだ手を加える余地がある「魅力的な街」です。

実は自由が丘は東急が造った街ではありません。昔からの大地主さんとこの地を拠点として商売を営んできた商店主た

自由が丘駅前の様子　女神まつりには数十万人もの人が訪れる

ちが、自助努力を重ねてブランド価値を高めてきた珍しい街なのです。

昨今、商店街の衰退が全国各地で課題となっている中、自由が丘には大規模小売店舗が少なく、未だに個性的な個人経営の店が多数存立しており、この地にアンテナを張っている有名ブランドショップとも相まって、とても元気があって魅力的な街という評判を得ています。

自由が丘商店街振興組合にはなんと約１３００もの加盟店があり、結束力、企画実行力も高いパワフルな商店街を形成しています。普通はビルオーナーになると、自分のビルのことばかり考えることが多い中、自由が丘ではむしろビルオーナーが積極的に街のブランディング活動を展開している点が素晴らしいのです。

ごちゃごちゃと道が入り組んでいるのも散策気分を高めてくれます。その猥雑さも自由が丘の魅力なのですが、逆に言えば、「大勢の人を一気に受け入れることを想定した街ではない」とも言えます。この街の魅力と裏腹ではあるのですが、道路が狭く複雑に入り組み、雑居ビルも多いので、いざという時の災害には弱い街だと言えます。

１９７３年に自由が丘商店街が産みだした「自由が丘女神まつり」は、数ある自由が丘のイベントでも最も人気のイベントに成長しており、開催期間中には数十万もの人が訪れます。今では東急グループも協力して女神まつりを盛り上げていますが、まつりの日になると駅のホームにも街にも人があふれてしまって、大変な混雑ぶりです。

自由が丘は小さいお子様連れのファミリーやシニア層にも人気の街ですが、どの道路も狭く、歩道も完備されていない上、自動車も往来しますので、ベビーカーや車椅子を利用される方には大変不便であるという一面もあります。

さらに「自由が丘」という素晴らしい街の響きに反して、駅周辺にはあまり緑の空間が少なく、公園や広場なども不足しています。

住む・遊ぶだけでなく、「働く」「集う」「学ぶ」

先ほど述べたように、かつては「働く」というイメージはなかったものの、ライズにオフィスビルができて業務立地としても発展した二子玉川。私は自由が丘にもそのポテンシャルがあると思っています。

タワーマンションや高層オフィスビルはあまり似合わないと思いますが、必ず「自由が丘に合ったスタイル」があるはずです。

昨今流行しているスモールオフィスやコワーキングスペースなど、自由が丘の雰囲気が好きで、この街にとどまって働きたい、地域に貢献したい、という人は潜在的にいるでしょう。

また海外からの観光客含め、全国から自由が丘に訪れるお客様は多いものの、宿泊機能はほとんど有していません。ゲストハウスやホステルのようなプチホテル機能があっても良いと思います。

かつてはこの街には映画館が複数館存在していたのですが、全て閉館してしまいました。残念ながら、ギャラリーやイベントホールを含めた文化施設がほとんどないのも実情です。

もともと自由が丘は閑静な住宅地の中に商店街が発祥し、それが後に拡大してきて今の形になっていますので、平日昼間や休日の集客力は高いものの、夜の需要は高くありません。住む、遊ぶだけでなく、働くや集う、学ぶなどの多様な街の機能を付加することによって、自由が丘の街の価値はさらに高まるはずです。

自由が丘周辺には都市計画道路予定線が数本通っていますが、諸般の事情で事業が実施される見込みはまだ立っていません。また東横線、大井町線が街を平面的に通っていますので、これにより街が分断されているという指摘もあります。

まだ先の話になろうかと思いますが、鉄道の連続立体事業が実施された暁には、自由が丘の街の骨格の再編成が実現されることになります。

ハザードマップ的な観点から言っても、自由が丘には課題がまだ山積みです。自由が丘という名称ゆえ小高い丘の街をイメージされるかもしれませんが、駅周辺は低地状になっており、昨今増えているゲリラ豪雨の際には、一部冠水してしまうエリアもあるのです。

そんな自由が丘の街の課題を解決すべく、行政や地元の方々とも再開発の勉強を少しずつですが重ねています。

自由が丘の街は地域の方々を中心に経営する「ジェイ・スピリット」というまちづく

り会社を持っています。ジェイ・スピリットは2016年に、都市再生特別措置法に基づき地域のまちづくりを担うことができる「都市再生推進法人」に指定されています。またそれとは別に地域の方々と東急電鉄グループが平時からさまざまなコミュニケーションを図る「自由が丘バリューアップクラブ」という組織も持っています。

こういった場での議論を踏まえて、近い将来に街の魅力が何倍にもなるような素敵なまちづくりをしていきたいと思っています。

規制緩和の結果、タワマン林立の武蔵小杉

自由が丘は昔から人気の街でしたが、同じ東横線で近年赤丸急上昇中の街が武蔵小杉です。

武蔵小杉はかつて京浜工業地帯の一角を担う一大工場地域でした。武蔵小杉が現在のように一気に発展したのは、こうした工場群が事業所統合や海外移転などによりなくなったことで、駅周辺に大規模な空地ができたからです。

そこで川崎市は武蔵小杉を市内の第三都心と位置付け、これらの工場跡地をフックに大きなまちづくり構想を練り上げ、規制緩和してタワーマンションを開発誘導した効果が表れました。

田園都市線の沿線地域における東急のように、「武蔵小杉を開発したのはこの会社」という企業はありません。いくつもの大手デベロッパーが参入して、それぞれにタワーマンションなどの開発を進めました。1995年に地区内初のタワーマンション「武蔵小杉タワープレイス」が建設されて以降、雨後の竹の子の如くタワーマンションが林立する街へと

高層ビルが林立した武蔵小杉駅周辺（撮影・新建築社）

変貌を遂げました。

武蔵小杉がある川崎市中原区は、20年前と比較すると人口増加が顕著です。19万5000人だった人口は25万8000人に。一気に6万3000人も膨れ上がりました。**全国で人口減少が問題視されているさなか、短期間でこれだけの人口増を達成している街は他に類を見ないでしょう。**

実は東急電鉄はこの武蔵小杉のタワマン開発競争に出遅れてしまい、今のところ2013年に駅上のマンションと商業施設を開発したのみに留まっています。これは東急電鉄の開発嗅覚の鈍さを露呈してしまったとも言えますが、昔の武蔵小杉の姿を知っていただけに、これほど短期間で今の姿に変わるとは予想しきれなかったとも言えます。最近では「住みたい街ランキング」で上位にランクインするほどの人気の街に成長した武蔵小杉ですが、一方で問題点も浮き彫りになってきています。

それは、ある程度計画的に造られたとはいえ、各デベロッパーがそれぞれ工場跡地などに計画した開発なので、街全体最適にはなっておらず、交通動線は急激に増えた人口を捌ききれていません。鉄道駅が朝の時間帯大混雑している様子なども報道されていますし、膨大な新住民と古くから住んでいる旧住民がうまく交流できていない、といった課題もあります。

全国の自治体でも例がないくらい中原区の人口が増えているのはタワマン効果ですが、地域住民間のつながりが弱く、コミュニティーも希薄です。旧住民からも「これ以上武蔵小杉にタワマンはいらない」という意見が自治体に出されていますが、偽らざる本音でしょう。

当の川崎市も自らの施策が大成功を収めたものの、想定外の事態に悩んでおり、各デベロッパーを集めて、なんとかエリアマネジメントをやってもらえないかというオファーを重ねてきました。

しかし、そこにたまたま開発用地があるから落下傘のように降りてきたマンションデベロッパーからすると、住戸販売が完了したら当該地域から当然去っていきたいわけで、いつまでもエリアマネジメント活動に付き合う考えは持っていません。

武蔵小杉に求められるエリアマネジメント

昨今、欧米のトレンドの影響もあって、日本でも「エリアマネジメント」という言葉がまちづくりの業界でバズワードになっています。

一言でいえば、民間セクターの団体が「地域の治安を維持するとともに、地域価値を高めていく一連の活動」のことを指します。特定の地域や街区《がいく》単位で、道路や公園といった公共空間を含めて清掃や警備、修景事業、各種イベントなども行います。

「それは役所あるいは町内会の仕事でしょう?」というのが今までの常識かもしれません。しかし、公共空間を杓子定規に管理すると「みんなの公共空間」だったはずが禁止事項だらけで、「誰のためにもならない公共空間」になってしまうという問題が生じます。

それぞれの地域実情に合った形で、公共空間の使い方を地域に委ね、もっと多様な使い方ができるように「開いて」いく。副次的には、公共空間の管理コストが下がり、場合によっては公共空間で一定のルールの中で行った収益事業の一部を還元してもらい、ケースによっては全く税金を投入しなくても公共空間の維持や質的向上が図れる場合もあります。

エリアマネジメントの先進地である欧米では、「ＢＩＤ（Business Improvement District）」という制度が確立されています。

ＢＩＤとはエリアマネジメントを行う特定のエリアに不動産を所有するオーナーから資金を出してもらって、それをベースに特定のエリアマネジメント団体がワンランク上の街並みづくりや治安維持、イベント展開などを行う制度です。

オーナーにとっては、税金に加えてＢＩＤの負担金が取られるので反対する人もいると思われるかもしれません。しかしこの活動によって地域価値が上がり、さらに居住者、来街者、就業者の増加につながれば、最終的には土地、建物を保有し、商売をしているオーナーの元へと資金が還流するのです。

一般的に特定地域内でこうした活動を行おうとすると、ヒト、モノ、カネ、情報といったあらゆる経営資源に事欠くことが常です。その中でも資金調達が一番の課題となります。残念ながら先立つものがないと、ワンランク上のまちづくりはできません。

国内でも「日本版ＢＩＤ」を創設しようという機運が高まっており、国、自治体でも議論が活発になっています。2018年6月には地域再生法の改正により、特定地域の3分の2以上の事業者の同意が取得できれば市町村が活動費用に相当する資金を事業者から徴取して、エリアマネジメント団体に交付することができる「地域再生エリアマネジメント負担金制度」が創設されました。

しかし、日本国内でエリアマネジメントの成功事例と言われているのは、「大手町・丸の内・有楽町地区（いわゆる大丸有）」のように大企業が構成要員で居住者がほぼ不在の都心エリア、札幌のように行政側の強力なサポートがある地域が中心で、特に郊外部で地域住民中心の場合はなかなか成功している事例がないのが実情です。

武蔵小杉にはすでに「NPO法人小杉駅周辺エリアマネジメント」という団体が組成されており、タワーマンション住民や地域団体のキーパーソンなどを中心に活発に活動をしています。とはいえ、新たに街の住人の数が増え続け、マンションエリアも拡大している武蔵小杉においては、まだ課題山積というところでしょう。

今は勢いのある武蔵小杉ですが、一気に出来上がった街ですので、あと30～40年も経過したらタワマンの建て替えや高齢化の問題なども表面化するでしょう。

武蔵小杉の事例を見るにつけ、改めて開発にはスピードとバランスが大事だと感じます。東急は鉄道事業を抱えていることもあり、デベロッパーとして比較的中長期的な視点に立って物事を考えることができる数少ないプレイヤーです。

少なくとも東急沿線内においては、自分たちがやった仕事に対して、「短期的に稼いだから後は知らない」という無責任なスタンスは基本的には取れないのです。

田園調布というブランド

東急沿線にはかつて二子玉川園の他に、もうひとつ多摩川園という人気の娯楽施設がありました。現在、東横線、目黒線と多摩川線がある「多摩川駅」は1931年から2000年まで「多摩川園駅」という名称でした。

旧多摩川園があった周辺は、多摩川に近接していることもあり、あまり地盤が良くなかったようで、当初は宅地にしようと考えていたものの、やむなく遊園地にした過去があります。

隣駅には田園都市の先駆けとなる田園調布がありましたし、小林一三が郊外に宝塚を造ったように、都心からも鉄道を利用して遊びに来てもらおうと考えたのだと思います。

　多摩川園自体は1979年に閉園となり、その後の当該土地利用の形態は紆余曲折するのですが、現在は一部が大田区立田園調布せせらぎ公園となっています。

　私も中高時代の友人が近くに住んでいたこともあり、何度か多摩川園で遊んだこともあるのですが、その頃は一世を風靡した面影は全く感じられず、狭くてどこか安っぽい印象の遊園地だったと記憶しています。

　その多摩川園の隣にある田園調布という街を知

放射状にイチョウ並木が広がり、
街区の中心には駅前広場が設けられた（撮影・新建築社）

らないい人はいないでしょう。田園調布のブランドは、長い歴史の中で地域住民を中心に多くの先人がつくり上げたものです。

残念ながら、私たちの会社が東急電鉄と名乗る遥か前に、住宅地としては田園調布を売りきっていましたから、東急がこのブランドイメージをつくったわけではありません。**そこに居を構えた住民同士が自発的に地域ブランドを維持向上する活動を行ってきたのです。**

もちろん、その原点には渋沢栄一・秀雄親子が掲げた「日本に理想の田園都市を造る」という崇高な想いがあったことには違いありませんが、田園調布は自治会の意識が高く、なんと1932年には日本初の社団法人格を持った自治会「田園調布会」が結成されています。

田園調布会は率先して街並みの維持や向上に資する活動を展開し、1982年には住人に向けた生活綱領である「田園調布憲章」を制定しました。その憲章には「渋沢翁の掲げた街作りの精神と理想を知り、自治協同の伝統を受け継ぎましょう」と高らかに謳われています。これはエベネザー・ハワードの理念を守るレッチワースの街に似ています。

憲章には田園調布が田園調布たり続けるための基本的な精神条項が記載されているだけですが、実際の活動としては建物の新築や改造時における美観上の指導助言などをするという非常にレベルの高い活動も続けています。

東横線・目黒線が地下化したことにより、2000年に東急が駅上部を利用して「東急スクエアガーデンサイト」という小ぶりな商業施設を造る際にも、田園調布会からは建物計画や意匠について、さまざまなご意見を頂戴したものでした。

しかしそうした活動のおかげで、時が経っても街並みや景観が損なわれず、分譲当初は中産階級向けに販売された住宅地だったのに、次第にお金持ちが住む日本を代表する高級住宅地にシフトしていったのです。

バブル経済以降は、必ずしもそうした深い歴史と理念に共感したわけでなく、社会的なステータスとして、あるいは上昇する資産価値に魅力を感じて住み始める方も増えてきたといいます。古くから住んできた住民の高齢化もあり、徐々に田園調布会の活動も一枚岩ではなくなってきているとも聞きます。

とはいえ、困ったことがあるとなんでもお役所に物申すというスタンスの人が増えている昨今、自分たちの街のことは自分たちで守るという揺るぎない姿勢を堅持してきた田園調布は、世代交代とともに今後本当の自治力が試される時を迎えることになるのかもしれません。

東急がこれから注目する「五目大《ごもくだい》」エリア

田園都市線は田畑山林原野を切り拓いて鉄道敷設しましたので、計画当初から極力線路と道路が平面交差する箇所がないように設計されました。1989年に田奈1号踏切を廃止して立体化したことにより、ついに田園都市線の踏切はなくなりました。

現在、田園都市線はじめ東横線、大井町線でも転落事故防止のためのホームドアを2019年度中に全駅で設置することを目指していますので、鉄道の安全性については今後飛躍的に向上していくことになるでしょう。

ただ、残された大きな鉄道の課題は混雑解消問題です。都心に乗り入れる私鉄、地下鉄は必ず通勤ラッシュの問題を抱えています。東急の中でも特に田園都市線は混みますし、残念ながら２０１７年度のデータでも池尻大橋～渋谷間は１８５％という混雑率となっており、混雑ランキングのワースト10以内に入ってしまっています。

鉄道部門もラッシュ時の混雑緩和のために涙ぐましい努力をしています。鉄道の車両編成の長大化はもちろんのこと、効率的運行のためのダイヤ改編や少しでも乗車されるお客様を分散するための「早起きキャンペーン」など。

他社との相互乗り入れをしているため、東急側だけの理由で混雑や遅延が起こるわけではありません。他社路線が原因で混雑、遅延が生じることもあります。目的地まで乗り換えなしで行けるのが相互直通運転のメリットですが、遅延発生時に回復運転がしにくいのがデメリットです。

「痛勤」は誰でも嫌なものです。それゆえ、国レベルの「働き方改革」の流れもあって、職住近接モデルが注目されていますし、東急もその実現のためにさまざまな施策を打っていきます。

現在、東急が注目しているのは、私たちが「五目大」と呼ぶ五反田・目黒・大井町エリアです。

特に五反田は近年、中小ベンチャー企業が数多く拠点を置き、最近では渋谷のビットバレーをまねして、「五反田バレー」と自らネーミングして地域の活性化を図っています。渋谷エリアのオフィス賃料水準は旺盛な需要により高くなってきていますが、五反田エリアの賃料はまだ比較的安めなのも人気の秘密です。

隣の大崎地区がこの30年来の大規模再開発事業によって大きなオフィスビルやマンションが林立するようになったことや、新幹線停車駅でもある品川駅にも近いということで、その利便性や職住近接性が評価されてきたのだと思います。ベンチャー企業やＩＴ企業が今後もどんどん集まることで、技術と人材が集積し、街としての大きな発展が見込める地域となりつつあります。

目黒も大井町も東急系の施設や開発拠点は少ないのですが、利便性や職住近接性は五反田には劣っていませんし、街全体にまだ開発の余地があります。

特に大井町は、ＪＲ東日本が大規模な東京総合車両センターや社宅跡地を保有しており、こういった敷地の一部が将来の大規模再開発の種地として残されています。

２０１８年には広町社宅だった約２・４ヘクタールもの広大な跡地を「スポル」という大きな複合スポーツ施設にして、当面３年間の期間限定事業ということでオープンしました。

現在、ＪＲ東日本としては田町〜品川間の新駅開業準備に多くの経営資源を集中投下していますので、そのプロジェクトにめどが立った後、おそらくオリンピック・パラリンピック終了後に本格的に大井町のプロジェクトを動かしていくことになるだろうと思われています。

これが大井町活性化の起爆剤となるビッグプロジェクトになることは間違いありませんが、当該地と大井町の既存の市街地とを分断してしまっているのが東急大井町線です。将来的には品川区や地元とともに、ＪＲ東日本、東急も加わった形で未来の大井町の絵姿を議論していくことになるのではないでしょうか。

東部方面線で沸く綱島

今後、2022年度内に新線開業となる神奈川東部方面線（相鉄・東急直通線）が開通する予定の綱島方面にも注目が集まることでしょう。

綱島は、渋谷と横浜のほぼ中間に位置します。歴史的には大正年間には温泉（鉱泉）が出たことがきっかけとなり、温泉街として発展してきた街です。

綱島温泉は都心から至近の観光地として発展してきましたし、交通アクセスがいいことから、周囲の工業化、宅地化に伴い、古くから個人経営の商店も建ち並び、とても住みやすい街だと評判を得ていました。

しかし駅前はほぼ未整備のまま自然発生的に街が成熟してきましたので、それが綱島の味ではありますが、慢性的な交通渋滞や災害危険性が高いという課題も長年抱えてきたのです。

変革の大きな契機となるのが、先ほど述べた相鉄線から東急線に直通する「東部方面線」です。新線の開通によって誕生するのが「新綱島駅（仮称）」で、現在、この新駅を取り囲むように再開発計画が検討されています。昔は温泉街という個性がありましたが、今後新しい綱島はどのように発展していくのでしょうか。

そんな折、隣の日吉駅と綱島駅との間に位置する大規模な工場跡地に「Tsunashimaサスティナブル・スマートタウン」の開発計画が持ち上がりました。約3・8ヘクタールもの巨大な敷地に商業施設や集合住宅計画に加え、あのアップル社の綱島テクニカルデベロップメントセンターも開設され、2018年にまちびらきがされました。

これまで横浜市はみなとみらい地区や港北ニュータウン地区などを中心に熱心に企業誘致を進めてきましたが、誰も想像しなかったような立地にアップル社の研究所が飛び込んできたというのは、当該地区にとっては朗報だったでしょう。

すぐ近くには慶應義塾大学の理工学部もありますし、日吉から綱島、新綱島の開発が進むと、これまでにはなかったような新たな切り口での人材や施設、プロジェクトの集積が起き、日吉、綱島エリアのブランドイメージが上がる可能性もあります。

東部方面線の開通により、新横浜駅へのアクセスが飛躍的に良くなりますので、出張が多い東急沿線の企業人にとっても利便性が向上します。ここ数年は武蔵小杉が盛り上がってきましたが、次は日吉〜綱島エリアがそれに続くことになることでしょう。

ローカル線となった多摩川線、洗練された目黒線

東急蒲田駅と京急蒲田駅とを結ぶ、通称「蒲蒲線（新空港線）」の構想が発表されてから随分と長い時間がたちました。かつては2020年の東京オリンピック・パラリンピックに間に合えばという期待もありましたが、現時点ではまだスケジュールは見えていません。

もともと、蒲田駅は西口と東口がJRの線路で分断されていて移動しづらいことが課題でした。駅前広場空間の確保や交通処理をどうしていくかも課題になっています。周囲は繁華街になっており、行政は違法駐輪問題などにも頭を悩ませています。

新空港線計画は、将来こうした諸問題を解決できる糸口になるのではないかと期待されています。

構想では東急多摩川線矢口渡駅付近から地下化し、東急蒲田地下駅を通り、京急蒲田

地下駅、大鳥居駅手前で京急（空港）線に乗り入れる計画となっています。東急と京急の軌道幅の問題など技術的、コスト的課題が残されているようですが、いずれ実現することが待ち望まれます。

羽田空港の国際化、24時間運営化によって、今後ますます羽田空港を利用するお客様が増加することから、新空港線以外にもＪＲ東日本の羽田空港アクセス線も発表されており、利用者にとっては今後利便性が高まることが期待されています。しかし京急にとって羽田へのアクセス路線はドル箱なので

現在とあまり変わらぬ1970年代の蒲田駅の様子。
この線路が将来地下を通って京急線と接続する可能性がある

複雑な感情があるかもしれません。

その蒲田を走る東急線は、池上線と多摩川線です。多摩川線といってもあまりなじみのない方が多いかもしれませんが、元はといえば蒲田と目黒を結ぶ目蒲線のことです。

東急電鉄の祖ともいうべき目黒蒲田電鉄の本線であった目蒲線が、その後東横線の輸送力増強のために、多摩川駅から目黒方面が目黒線、蒲田方面が多摩川線と分離したのが2000年のことでした。駅数はわずか7駅となり、多摩川線沿線住民は都心に出る際は乗り換えが必要になってしまいました。

それ以来、池上線と並ぶ「ローカル線」になってしまった感がある多摩川線ですが、将来的には新空港線の路線となって再度注目されることになる可能性を秘めています。

その中でも注目すべき街は下丸子です。下丸子周辺の多摩川流域には工場跡地に開発したタワーマンションが建ち並んでいます。付近にはキヤノンのグローバル本社もあり、街全体の人口は増えています。駅前にもまだ開発の余地のある土地が残されていたり、今後大きく化ける可能性のある街のひとつと言えます。

一方の目黒線の注目の街は西小山かもしれません。隣駅の武蔵小山は急行停車駅でもあり知名度では上ですが、駅前の大規模再開発で街の安全性と利便性は高まるでしょう。

目黒線は一見地味かもしれませんが、目黒経由で南北線・都営三田線にも相互直通しており、六本木方面や大手町方面にも出やすく非常に利便性の高い路線です。西小山も以前は武蔵小山の陰に隠れてややあか抜けないイメージがありましたが、品川区の駅前広場整備事業もあって、駅周辺はすっきりとスマートな雰囲気に変わりました。

賃貸相場も比較的お手頃とあって、西小山周辺はこの数年で目に見えて、若い世代、特に女性の利用が増えた気がします。

今後、未整備な状態で残されている目黒区側

現在建設中の池上駅ビルの完成イメージ

の駅前が整備されてくると、その魅力と価値は随分と上がってくることでしょう。

城南エリアの再開発

15年ほど前、多摩田園都市への過度の依存から脱却するため始まった沿線他地域での開発仕込み活動ですが、私はエリアマネージャーとして城南地区（大田区・品川区・目黒区）を担当することになりました。

日々地元と行政を回って、人脈づくりや地域連携活動を展開していましたが、開発を仕掛けようにもその種地となる土地がありません。

城南地区では多摩田園都市的開発手法は全く通用しないのです。それゆえ地域とコンビを組むしかありません。私たちは継続的に関係構築を図ったことにより、今では地域の地権者との事業機会が格段に増えてきました。

ひとつの事例として、池上線池上駅の駅ビル開発を挙げましょう。

昔だったら虎の子の社有地である駅にビルを造って終わっていたでしょう。でも、今は違います。

私たちが取り組んでいるのは、池上駅から池上本門寺に続く商店街一帯をリノベーションして、「歴史ある寺町」という地域の魅力を残しながら、新たな価値を吹き込むことです。そのために、地域に埋もれた遊休資産などをリノベーションしながら、そこに新しいビジネスの担い手などを呼び込んで街の価値を高めていくやり方に注力しています。

２０１７年には建築家や都市プランナーの集団が、疲弊する地方都市を舞台に仕掛ける一連のプログラム「リノベーションスクール」にならい、「リノベーションスクール＠東急池上線」というイベントを立ち上げました。各地方の地域資源、価値あるお宝を発掘して、老朽化した建築物を壊して新築するのではなく、リノベーション（改修）によって魅力を付加し、そこに新たなビジネスの担い手を呼び込むのです。

そうした個々のプロジェクトを連動させて、地域一帯の活性化を図ることを「リノベーションまちづくり」と呼び、その担い手を実際の老朽物件を題材に教育していく場のことを「リノベーションスクール」と呼びます。

北は東北地方から南は九州まで。すでに多数のプロジェクトが全国にありますが、そのほとんどのプロジェクトオーナーは地元の自治体です。池上でのリノベーションスクールは、初めて民間企業がプロジェクトオーナーとなった事例です。

池上線はかつて目黒蒲田電鉄に買収された側の路線だったので、これまでほとんど投資されてきませんでしたが、現在、東急電鉄は池上線沿線のブランドイメージ向上作戦を、「生活名所」というキーワードを使って展開しています。

戸越銀座の駅舎を多摩産の木材を利用して魅力的に改築したり、池上線の「一日無料乗車日」を設け、今まで池上線に乗ったことがない人に沿線の魅力を知ってもらったりといろいろな工夫をしています。地域の方々にも喜んで協力していただけるようになりました。

東急が池上に目をつけたのは、街としてもっと発展するポテンシャルがあるのに、地域自身がまだその価値に気づいていなかった点です。

三両編成で電車はローカル色豊か。街の規模も大きくないけど、気さくなお店も充実していて住みやすい。一度住むと離れられない魅力を感じていただけるのだけど、何かが足りない。

何が足りないのか。

それは「**池上には池上に住んでいる人しかいない**」ことです。

この街に住んで通勤している人は、この街に夜に帰って来て寝るだけです。働く・泊まる・学ぶなどの目的で、その街に滞在する人を増やしたら街はもっと活性化します。それには働く場や宿泊する機能、観光資源の磨き込みといった要素が必要です。

古くから池上にある隠れた魅力を発掘するとともに、新たな魅力も可視化していければ池上の魅力はさらに大きく育つ可能性があると思います。

環状の移動と川崎市臨海部

東京の発展は、道路でも鉄道でも、主に都心から放射状の交通網によって広がってきました。地方、郊外から都心へ人や物資を運搬するという観点で交通網が整備され、その沿線、沿道上に生活圏、経済圏が発展してきた歴史があるからです。

一方で都心を中心とした環状の移動ルートについては未整備な箇所が多く、一旦都心に入りこまないと別方向への移動がしにくい都市構造となっており、それが都心部の渋滞、混雑に拍車をかける原因となってきました。

しかし、高速道路網に関しては、圏央道、外環道、高速中央環状線（C2）、横浜環状北線、北西線などの建設整備が進展しており、環状アクセスが劇的に改善されています。

過去には「メトロセブン」「エイトライナー」といった環状七号線、八号線の道路の地下を利用した鉄道網建設の構想も検討されていたこともありますが、こちらは実現のめどは立っていません。

このようなことから、地域経済の発展や生活圏のつながりは放射状のエリア単位で起きており、環状方向には直線距離で比較的近いエリア間でも行き来がしにくいために、相互一体化した関係はありませんでした。

その顕著な例が、川崎市です。川崎は南北に細長い市域を持っており、南部の工業地帯や市の中心部と北部の住宅地とでは、同じ行政単位とは思えないほど交流もなく、同じ市民だという感覚も薄いのです。川崎市にもかつて市を南北に貫く縦貫鉄道構想が提案された時期もありましたが、今はお蔵入りとなっています。

かつては公害が問題になっていた川崎臨海部の京浜工業地帯も最近では少し様変わりしてきています。いくつかの工場は地方や海外に移転し、その代わりに研究所などが多く設立されました。主にブルーカラー系の働く場所だった臨海部が、高度な技術や知的労働者の働く場に変貌するでしょう。

川崎市の殿町地区は「キングスカイフロント」という名称で健康・医療・福祉・環境分野の国際戦略拠点化を目指しています。この場所は多摩川を挟んで羽田空港の対岸に位置する広大なエリアで、今後の発展が期待されています。

「クリエイティブクラス」と呼ばれる知識階級は東急沿線にも数多く居住していますので、東急沿線とこうした臨海部との移動手段はまだ脆弱で太いパイプで結ばれてはいないものの、将来的に外環道の南進ルートや新空港線などの環状交通網が整備されていく中で、行き来が活発化してくることも期待されます。

多摩川流域の可能性

東急は数年前から多摩川流域の需要創造にも注力しています。二子玉川ライズの成功によって東京の西のエッジで働くというワークスタイルが生まれましたが、その次は二子玉川と多摩川を挟んで対岸にある「二子新地」「高津」の活性化にも期待しています。そしてこれまであまり目を向けてこられなかった二子玉川から下流域に位置する川崎市、大田区にかけての多摩川流域を、クリエイティブな働き方ができるエリアにしていこうという計画です。

とは言え、すぐさま多摩川流域単位でダイナミックな生活圏、経済圏ができるわけではありません。

2010年から「クリエイティブ・シティ・コンソーシアム」という団体を組成して、二子玉川をさまざまな社会実験の場として、クリエイティブなまちづくりをしていこうを旗印に、多くの企業や学術機関などと議論やプロジェクトを展開してきました。今は多摩川流域に拠点を持ついくつかの有力企業や自治体にも参画してもらい、多摩川流域を活性化していくための協働策や社会実験などを展開しています。

そのひとつが「川沿いで働く」という新たな選択肢をつくる「キャンピングオフィス」という社会実験です。多摩川河川敷でキャンプをするような非日常環境で、たまに仕事をしてみるという体験を多くの人にしてもらっています。

荒唐無稽に聞こえるかもしれませんが、体験者のコメントを集約すると、意外と好評価を得られていることに驚きます。

河川なので常設は簡単ではありませんが、このような開放的な環境、あるいは自然を感じられる働き方が、これからのクリエイティブワーカーには響くのだとしたら、流域でこれまで想像もしたことがないオフィスが立地する可能性があるかもしれません。

東急は2014年からスタートした国土交通省水管理・国土保全局が仕掛ける「ミズベリング・プロジェクト」という、河川空間を民間のアイデアでクリエイティブに活用するプロモーションに初期から関わっています。今では「ミズベリング」活動はグッドデザイン賞にも輝き、全国に飛び火して活況を呈していますが、個人的には多摩川での水上交通を検討し、二子玉川発羽田行といった移動も可能にしていきたいと妄想しています。

また、多摩川を渡れる橋がまだ少ないので、自転車と人のための専用橋なども架けることができたら、両岸の市民交流、経済発展がさらに高まるでしょう。そうしたことの実現の可能性に夢を膨らませているのです。

第6章　私鉄はどう稼ぐか

鉄道は自ら需要を喚起できない

鉄道会社が夏休みなどに実施しているスタンプラリーを体験したことがあるでしょうか？　お子さんがいるご家庭ならば、一度はやったことがあるという方も多いことでしょう。ＪＲ・私鉄のスタンプラリーはお子さんの夏休みのイベントとして人気で、親御さんも一緒に回って楽しんでいただいているようです。

東急がオリジナルと言われるスタンプラリーの歴史は割と古く、１９８４年に始まっています。他の私鉄路線はただ郊外にひたすら向かうだけですが、東急は路線が網の目状になっており、渋谷、自由が丘、二子玉川、大岡山、旗の台、蒲田、多摩川などで東急の別路線に接続することで、路線を攻略する戦略性があって楽しいと言われています。

スタンプラリーの持つ役割はふたつあります。ひとつは小さいお子さんに東急のファンになってもらうこと。もうひとつは、夏休みなどには鉄道の売上が下がるので、需要喚起策としての役割も持っています。ただ、販促費や駅員の対応コストを考えると、大きな利益が見込めるようなものではありません。

基本的に鉄道はそれ自体では大きな需要を喚起できません。都市開発や観光地開発と併せることによって初めて鉄道は大いに価値を発揮します。

観光路線はシーズンに合わせてタイムリーにキャンペーンやプロモーションを打つとそれに応じた需要が生まれます。しかし、通勤路線である東急電鉄の場合、キャンペーン、プロモーションでは乗客はそれほど増えません。都心方面の需要は充分ありますが、やはり郊外部に向けて宅地開発、商業施設などを造らないと需要は増えないのです。

先ほど二子玉川ライズの開発によって、一定の逆輸送の需要が生まれたことに触れました。現在は二子玉川が注目されていますが、その成功からさかのぼること約15年前、もうひとつ大きな集客と逆輸送を生んだ施設がありました。それが南町田のグランベリーモールです。

楽しく安く買い物ができる施設を造りたい

2000年から2017年まで南町田にあった「グランベリーモール」は、私が初めて企画を手がけた大型商業施設でした。**その成功の中で一番評価されたのが、逆輸送を産んだことです。**

南町田は東急田園都市線の終点に近いほぼ端に位置する駅ですが、そこまでお客様を引っ張ってくることに成功したグランベリーモールの計画を立案するきっかけとなったのは、東急総合研究所への出向から東急電鉄に復職して、企画業務を担当したことでした。

復職してからは調査分析によって間接的に社業に貢献する仕事より、自らが新規事業を立ち上げて貢献したいと思っていました。同じような志を持っていた同僚と、会社に対して情熱を込めた企画書を提出したことが始まりです。

当時、南町田は土地区画整理事業も宅地販売事業も終わっていた状況です。町田市からは将来的に駅前を大規模に開発して、「町田駅に次ぐ副次核に発展させてもらいたい」と期待され、「商業地域」という高い用途地域を付与されていました。

しかし、それを活かすことなく、長年駅前の広大な敷地を福利厚生用のグラウンド用地などにして放置し、そのため南町田は駅前の小さな東急ストア以外はろくに生活利便施設もない不便な街でした。

それまでにも当該の土地を活用して高層ビルを建て、某大手ＩＴ企業の本社を誘致するような壮大な計画も検討されましたが、バブル崩壊の影響もあって実現しません。窮余の策として節税目的で教育施設として大学にグラウンドとして無償貸与したり、暫定利用として住宅展示場に賃貸したりしていましたが、大した利益にもならないので、一時期は素地のまま外部売却してしまおうという話まで出ていたくらいです。

そこで、どうせ社内で誰も利用しないなら、この広大な敷地に低コストで、しかもそこに行くこと自体が楽しみになるようなアメリカンタイプのショッピングモールを開発したらどうだろうと考えたのです。

というのも、南町田は駅こそ当時乗降人員1万人にも満たない各駅停車の小さな駅でしたが、その敷地は国道16号と２４６号の交差点に位置し、東名高速道路の横浜町田インターチェンジにも近いという好立地にあり、まさにアメリカのフリーウェイ沿いに計画されるショッピングモールのような素晴らしい立地条件をもっていました。

当時、東急電鉄には商業施設の大成功事例として「たまプラーザ東急ショッピングセンター」がありました。その頃は二子玉川にある玉川髙島屋ショッピングセンターが一人勝ち状態で、多摩田園都市のお客様も取り込まれていました。なんとか沿線内でお客様の需要を満たそうということで、1982年に総力を結集してオープンさせた結果、開業当初こそ平日集客に苦戦したものの、多摩田園都市の人口増にも支えられ、大きな成功を収めたのです。

当時東急内ではたまプラーザ東急ショッピングセンターこそが商業施設の見本のように認識されており、マーケットのボリューム層、特に当時の多摩田園都市の中心顧客層である30代~50代をターゲットに、ファミリー層に受けるバラエティーに富んだテナント構成にする、まさに王道のマーチャンダイジング戦略を取っていました。その後青葉台や八王子などにも商業施設を造っていますが、基本はこのスタイルを踏襲しています。

これはこれでもちろん大正解なのですが、企画していた当時30代だった私たちは、もう少し若くて、それほど富裕ではないファミリー層でも安く、楽しくお買い物ができる商業施設があったらよいのではないかと考えました。

南町田の敷地は容積率で400%という高度利用ができる土地でしたが、あえて高さや容積を使わず、原則平屋建てで広々と平面的に展開するプランを考えました。

アメリカの郊外部に行くと、ファクトリーアウトレットモールやライフスタイルモールと呼ばれる施設がいくつもあるのですが、そのいずれも広大な敷地に低層の建物が並んでいて、そぞろ歩きしているだけでも何かワクワク楽しい気分になります。値段も手ごろで手に取りやすい商品が並んでいたのを目のあたりにした経験から、そんな雰囲気を南町田に再現したかったのです。

当初の厳しい予想を覆したグランベリーモール

会社に計画を提案した当時は随分とボロクソに言われたものでした。

「商業施設の開発運営経験もない者がやっても絶対に失敗する」「消費は住んでいるエリアより都心方面でするもので、下り方面には買いにいかない」「日本とアメリカでは商慣習が異なるので、アウトレットは成立しない」などと、何度も批判やアドバイスという名のダメ出しをされました。

それはグランベリーモールの企画が当時の商業のプロが認識する商業計画の原則からことごとく外れていたからでしょう。商業施設は居住者が多かったり、前面通行量が多いところに造るのが一般的でしたから、何もない場所に需要創造型の施設を造ろうとすれば反対されるのは当たり前です。

そして、当時の日本にはまだ一般的には「アウトレット」という業態はありませんでした。アウトレットモールと自称する施設は埼玉にひとつだけあったのですが、実態は単なる安売り店の集合体で、施設も小ぶりで、あまり魅力的ではあり

大勢の客でにぎわうグランベリーモール

ませんでした。

どうして日本にアウトレットはなかったのか。それはアメリカと日本の商習慣の違いにあります。

日本の百貨店の場合、メーカーや卸問屋から商品を自己のリスクで買い取って売り場に並べるのではなく、消化仕入れや委託と呼ばれる取引形態を採用しているケースがほとんどでした。売り場で商品が売れて初めて仕入れたと認識され、売れたら販売委託手数料を支払うという商慣習になっています。ですから容易にメーカー等への返品ができてしまうので、不良在庫をどこかで処分する必然は生じません。

逆にアメリカは小売店舗側がリスクを背負って商品を買い取って販売するので、不良在庫は正規店舗から距離が離れた影響の少ない場所で安く処分する必要が出てきます。これが本来のアウトレットの仕組みです。

グランベリーモールを検討していた時期は、小売業界の王様、百貨店業態がやや力を落としてきていて、メーカーなどの発言力が相対的に高まってきていました。また外資ブランドの日本進出も活発になってきており、アメリカほど本格的なスタイルではないものの、日本でもアウトレット業態が成立する可能性が出てきた時期でした。

ただ、広大な国土を有し、どこまでもフリーウェイが続くモータリゼーションの国、アメリカと違い、日本は国土が狭く、正規販売をする百貨店が立地するエリアから南町田が微妙に近い距離にあったことがネックになりました。メーカーとの交渉がうまくいきそうになっても、長年の取引先である百貨店から圧力がかかって出店辞退されるのはよくあることでした。

またアウトレットで全テナントを埋めきれませんでしたので、日本初出店のアメリカのアウトドアテナントを話題醸成のために一本釣りで持ってきたりして、正規価格の店とアウトレットを複合させたりと、少し常識外れの施設となりました。これは商業施設開発経験がなく頭が凝り固まっていなかったプラスの部分だと思います。

そうしたさまざまな障害をひとつずつクリアし、「そこまで言うなら期間限定事業でやってみろ」と会社からゴーサインが出ます。

それまでの東急の商業施設は鉄筋コンクリート造りで箱としてしっかりとしたものを

用意して、時間をかけて回収する事業モデルでしたが、グランベリーモールの場合、10年の期間限定事業として承認が出ましたので、とにかく平屋建てのローコスト建築を基本としました。あとはお店の魅力と外部環境を楽しげに整備することにより、約7年程度で投資回収できる計画にしました。

この期間限定型、東京都初のアウトレットモールが併設された風変わりなアメリカンスタイルモール事業が想定以上の大ヒットになりました。当初は懐疑的だった会社もコロッと態度が変わって、南町田を急行停車駅にしてくれて逆輸送に協力してくれたり、全社的なバックアップも得られるようになりました。

10年でお役御免のはずの施設は、その後シネマコンプレックスまで追加投資をして、なんとオープンから17年間も営業することになったのです。「10年もてば良い」と思って造った施設だったので、さすがに老朽化が目立ち、２０１７年をもってグランベリーモールはその役目を終えました。

現在は町田市と包括協定を締結し、隣接する鶴間公園とグランベリーモールだった敷地を融合し、18年前の10倍もの予算をかけた「グランベリーパーク」という商業施設を現在建設中です。こちらは2019年度中にオープンします。

新しいビジネスチャンス

不動産デベロッパーの世界には「狩猟型」と「農耕型」があると思っています。狩猟型とはものになりそうな開発適地があれば、貪欲に開発利益を獲得し、プロジェクトが終われば資金を回収して、またよその開発プロジェクトに移動していきます。世の中の大半のデベロッパーが狩猟型でしょう。

一方で私鉄各社や地域密着型のデベロッパーの場合、あちらこちらと開発地を転々とするのではなく、ひとところに長期間資本を投下し続け、繰り返しその地域価値を高めながら都市経営をしていきます。

これが私の農耕型デベロッパーの定義です。

「私鉄ビジネスモデル1・0」はまさにそういう沿線密着ビジネスによって成立してきたわけですが、それでも、「郊外の宅地を売りきったら沿線であっても撤退する」という考え方もあるかもしれません。

しかし、私は私鉄ビジネスモデルをさらに昇華させて、「2・0」「3・0」へとレベルアップしていくことによって、1・0時代とは違う収益モデルが実現できると考えています。

その場合は、さらにどっしりと長期的視座を持って、経営資源を効果的に投資し続ける覚悟を持たねばなりません。プロジェクトの規模によっては1年で結果が出るような農耕型から、数十年単位で市場をゆっくりと育てて収益を刈り取ってくる「林業型デベロッパー」という新たなスタイルもあり得ると思います。

実際に林業に従事する人が山から切り出して加工して販売して得られる利益は、自分の世代で産み、育てた事業ではありません。先輩や親の世代が植林して大事に守り育ててきてくれたおかげで収益が刈り取れるのです。

自分の代で最大利益を得ようとすると、持ち山が禿げ山になってしまって、後を継ぐものが林業で食べていけなくなってしまいます。さらに木を全部切り倒してしまって荒野のまま放置すると、そこに雨が降れば土砂崩れを起こしますし、生態系が崩れれば思いもよらぬところから悪影響が出てしまう恐れもあるでしょう。東急になぞらえるならば、100年かけて造ってきた沿線地域が劣化、崩壊してしまうということを意味します。

田園都市株式会社から始まり営々と続けてきた沿線経営が破たんしてしまっては、意味がありません。大事なのは自分たちは農耕型あるいは林業型デベロッパーであるという自負と自覚を持つこと。近視眼、短期指向に陥るのではなく、常に中長期的な視点でビジネスを行っていく必要が東急にはあるのです。

第7章　新しいまちづくりの形

たまプラーザの高齢化とその対策

「たまプラーザ」は多摩田園都市の中でも最も人気がある街ですが、区画整理においても比較的古い時代に竣工した地区です。宅地分譲から40年以上が経過して、当時30歳代、40歳代だった新住民の年齢が今では70代、80代になって、街は確実に高齢化、老朽化に向かっています。

先述の「農耕型デベロッパー」としては、やはりその状況はなんとかしていかないといけないと感じていますが、かつて区画整理をした時代とは異なり、新たな住民が多数生活をするようになった街を再生するというのは一筋縄ではいきません。まして一民間企業だけでは、やりきれるものではありません。

同じように約370万人という日本最大の人口を抱える政令指定都市である横浜市も、2035年には高齢者人口が約114万人に膨れ上がり、高齢化率も30%を超え、およそ3人に1人が高齢者になるという市域全体における高齢化や街の老朽化に頭を悩ませていました。

ある日、横浜市の建築局長（後の副市長）から「東急沿線の郊外住宅地再生を横浜市と東急で一緒に取り組まないか」という投げかけがありました。

公民連携でどこまで何ができるかわかりませんでしたが、民間単独でやり切れるものではないことはわかっていましたから、まずは1年間勉強会から一緒にやって、公民連携での郊外住宅地再生について多角的に議論を重ねてきました。

その結果、2012年に横浜市と東急の二者間で「次世代郊外まちづくりに関する包括協定」が締結されました。

まずはモデル地区として元石川第一土

協定を結び握手する野本弘文社長（右・当時）と林文子横浜市長

地区画整理地区であった「たまプラーザ（美しが丘一丁目～三丁目）地区」を指定して取り組みを開始しました。

当該地区をモデル地区に指定したのは、各丁目がこれから郊外住宅地再生に取り組んでいく上で、それぞれ別の課題を抱えていたからです。

一丁目は駅に一番近いエリアですが、築50年ほど経過した大規模団地があり、この団地などの老朽建築物をどのように再生していくべきかという課題を抱えていました。

二丁目はかつて大手企業が寮や社宅を建てていたエリアなのですが、ここ数年で分譲マンションに建て替わり、新しい世代が入居してきたため高齢者の割合が非常に低いところです。

三丁目は駅から一番遠い戸建てエリアです。高級住宅地の風格をもち、富裕層が一番多い地域ですが、高齢化率も高い地域です。

このようにコンパクトな街に、それぞれ異なる地域課題があったため、この場所を最初のモデル地区に指定したのです。

問題をひとつずつ解決していった次世代郊外まちづくり

住宅を購入した方々も当初はまだ若かったので、街の山坂や階段は問題ないし、マイカーさえあればお買い物にもレジャーにも困らない。しかし、歳を取ってみると足腰が弱り、街中を移動するだけでも負担がかかります。免許を返納すると、文字通り身動きが取れなくなってしまう事態に陥ります。

新興住宅地として街を開発した当初は、デベロッパーも将来高齢化社会を迎えるということに対する具体的なイメージが描けていませんでした。また、特に都心にお勤めになって第一線で働いてきた方がリタイヤしても、これまで地域内での密なコミュニケーションを取ってきていないので、コミュニティーになかなか溶け込めないという問題もありました。

「次世代郊外まちづくり」といっても、横浜市も東急もこうした諸問題に対する具体的な対策は持ち合わせていませんでした。

どうしたら高齢者含めて多世代が安心してこれからも地域で暮らしていけるのか。これからの時代に新たに必要とされてくる生活インフラをどのように既存の街に導入していくのか。それには産学公民という異なるセクターがお互いに協力して、どういう街にしていくべきなのかという議論を地道に重ねていくしかありませんでした。

次世代郊外まちづくりの活動を通じて素晴らしかったと感じたのは、都市整備局や建築局などのハード部門に、政策局をはじめ健康福祉局や温暖化対策統括本部、教育委員会、青葉区といった実に多岐にわたる横浜市の部局が協力をしてくれたことでした。

また今回の次世代郊外まちづくりの特徴としては、なんでも横浜市や東急がお膳立てをして施策サービスをするのではなく、地域住民との協働が何よりも欠かせないということから、「住民創発プロジェクト」というプログラムも立ち上げたことでしょう。

これは諸般の事情から住民の中で今まで町会活動にはあまり関わってこられなかったけれど、この街のために自分の知識や技能、アイデアで貢献したいという人や団体を公募するものです。認定された団体に対して、横浜市、東急と学術機関などがその活動にアドバイスを与えたり、人と人のマッチングをするといった適切なサポートを行い、新たな地域の担い手を育てます。新旧さまざまな担い手がお互いを知り、創発し合いながら、今までにない地域価値向上活動に貢献してくれるようになったのは素晴らしい成果だったと思います。

包括協定締結から今年で6年目に入りましたが、主にビジョン共有やソフト施策からスタートした活動が、ようやくひとつの形となって結実した瞬間でもありました。

コミュニティ・リビングという考え方

次世代郊外まちづくりにおけるまちづくりコンセプトは「コミュニティ・リビング」という考え方です。これは駅を中心としたコンパクトなまちづくりを基本とした上で、歩いて生活できる300〜400mくらいの範囲をクラスターとしてひとつの単位とします。その中の遊休化、老朽化した建物の建て替えや再生をする際に、特に下層階を中心にこれからの街を支えていくようなコミュニティ機能を入れ込んでいくというものです。

多摩田園都市は閑静な住宅地で、都市計画的には第一種低層住居専用地域という用途地域が大半を占めます。これによって緑豊かな住宅地が生まれたのは間違いありませんが、郊外住宅地の再生にとっては新たな都市機能を導入できない足枷となってしまいます。今後は部分的な用途地域の見直しが必要になります。

「住まう」だけの機能しか持っていない街では、これからの郊外はやっていけません。歩いて暮らせる小さな生活圏の中に、多機能なスポットがあちらこちらに生まれることで、最後まで安心して楽しく暮らしていける街ができあがるのです。

この10年ほどでスマートシティというコンセプトによってまちづくりをしていこうという提案があります。私は個人的にはこのスマートシティというコンセプトは好きではありません。どこか人の生活ではなく、新たなテクノロジーで街の機能を制御するというイメージがつきまとっているからです。

次世代郊外まちづくりでは新たに「ワイズシティ（WISE CITY）」というコンセプトを提唱しています。これは何よりも中心に据えるべきは、そこに住まう人のWellness（健康）、そして歩いて暮らせるWalkable、郊外でも働けるWorkableであり、それを下支えする機能が、Intelligence & ICT、Smart, Sustainable & Safety、Ecology, Energy

& Economyであるとして、その頭文字をとってＷＩＳＥ ＣＩＴＹ（賢者のまちづくり）を目指したいと考えています。

２０１８年10月に、その「コミュニティ・リビング」を体現する施設が、たまプラーザにようやく完成しました。

もともと、この地域にあって老朽化した某企業社宅だった建物を東急が中心となった事業体に譲ってもらい、地区計画によって横浜市から規制緩和を得て、単なるマンションではなく、下層階にコミュニティ・リビング機能をビルトインした物件を開発したのです。それが「ドレッセワイズたまプラーザ」という分譲マンションの下にできた「ＣＯ《コ》－ＮＩ《ニ》ＷＡ《ワ》」です。

本来ならセキュリティの観点からも閉じた空間にしてしまう分譲マンションを開いて、地域住民も立ち寄れるコミュニティカフェやコワーキングスペース、保育機能などを完備した施設です。今後、再開発をする際にコミュニティに必要な機能を付加していく、その良いモデルとなりました。

次世代郊外まちづくりの手法がどの郊外部にも共通に援用できるわけではありません。

しかし、ある程度基本部分の横展開は可能だと思っています。

残念なことに、これから本格的な超高齢化社会、人口減少社会を迎える日本において、全ての地域が持続可能でいられるということはありえません。私の長年にわたるまちづくりの経験上、これからの郊外は四つの軸で評価して、「自立する郊外」と「衰退する郊外」とに分かれると考えています。

その四つの軸とは「多世代―高齢化」軸、「多機能―単機能」軸、「再投資―放置」軸、「生産―消費」軸です。

高齢者だけしか住んでいない街ではなく、いつまでも一定のバランスで幅広い世代の方が住み続けていること。「住まう」だけの街ではなく、多彩な機能がコンパクトに備わっていること。民間企業からそっぽを向かれて放置されている街ではなく、民間企業が投資をして採算が取れること、お父さんが都心で稼いできたお金をお母さんと子供が消費するだけの街ではなく、小さいながら地域の経済が回っていること。

その4軸で評価して、その街が「多世代」「多機能」「再投資」「生産」側に振れているならば、おそらくその地域は自立してやっていける街なのだと思います。

残念ながら「高齢化」「単機能」「放置」「消費」側に振れているとしたら、その街は衰退に向かっていかざるを得ないでしょう。そうならないように、行政や地元住民の力で自らの街を変えていく努力をする必要があるのです。

多摩田園都市の区画整理による一次開発は、面的に同じようなクオリティーの街を造りあげてきました。今後、次世代郊外まちづくりの横展開をするにあたっては、画一的な金太郎飴のようなまちづくりではなく、各駅が育んできた個性や地域実情を尊重しながら、再生の手を入

◆自立する郊外住宅地になる条件

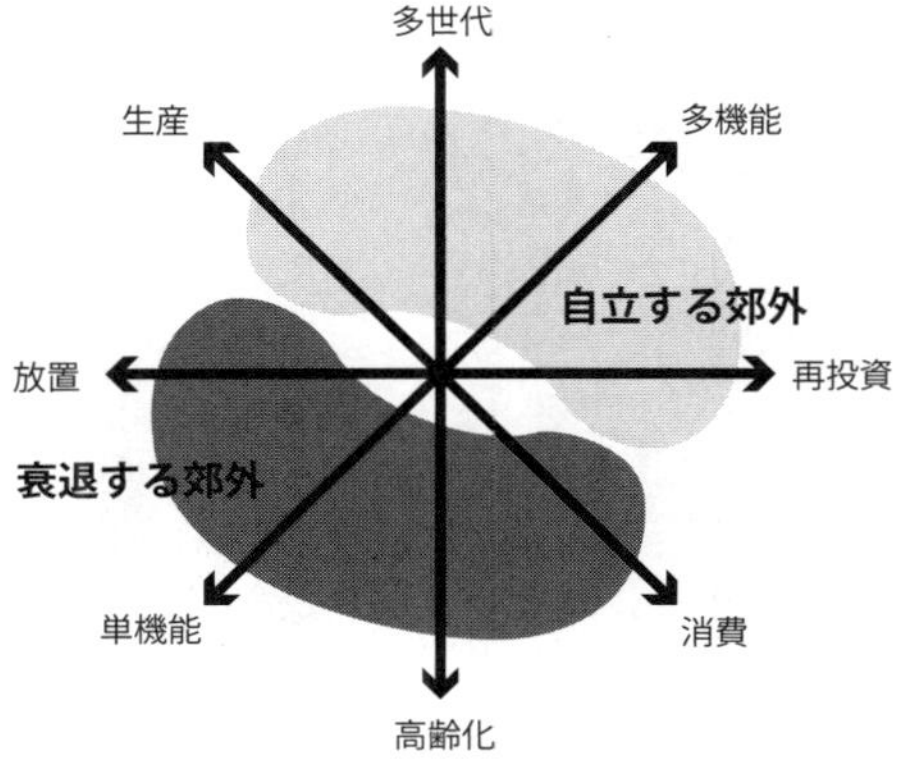

れていく必要があります。

東急ではたまプラーザでの次世代郊外まちづくりの実績をもとに、多摩田園都市の他地域での次世代郊外まちづくりを準備しています。

すぐ隣の鷺沼駅前では、2015年に川崎市と東急が、かつて横浜市と締結したような包括協定を結び、駅前の大規模再開発計画を検討中です。2017年には再開発準備組合が組成され、公共機能の再編成を含め、近い将来街を支えていくさまざまな機能を備えた再開発事業が動き出します。

また藤が丘駅では2018年に再び横浜市と「藤が丘周辺の新たなまちづくりの推進に関する協定」を締結し、横浜市、東急電鉄に加え、駅前に立地する昭和大学との三者協定によって、医療と健康などを中心とした再生事業が検討されています。

各駅の特長を踏まえた次世代郊外まちづくりによって、多摩田園都市は21世紀にも自立可能な沿線として輝き続けていくことになると期待しています。

第8章　私鉄3・0　～東急の今後と私鉄の未来～

オフィスの郊外化推進

私鉄ビジネスモデル１・０時代は、郊外で宅地販売して沿線住民を増やし、通勤電車で稼ぎ、都心ターミナル駅では駅前、駅上に百貨店などの施設を構えて稼ぐというモデルでした。このモデルがあまりにもうまく成功したため、阪急の小林一三から学んで以来、相当長い期間同じモデルで事業を展開してきました。

しかし、近い将来首都圏も人口減少に転じ、高齢化が進み、経済が成熟してくる時がやってくると考えた場合、次世代の私鉄ビジネスモデルはどうあるべきでしょう。

いつの時代にも人は稼がないと食べていけません。この真理は変わらないとするならば、テクノロジーの進化や産業構造の変化の影響もあって、働くことに対する意識が社会的に大きく変容していくのではないでしょうか。

大学卒の若者が猫も杓子も一流企業への就職を目指し、大体同じようなキャリアを歩んで、同じ時期に一斉に定年退職するというようなスタイルは減っていきそうです。有能な人材は自己の能力を活かして、自らの人生設計の中でもっと自分らしいワークスタイル、キャリアを選んでいく時代が近づいている気がします。

全ての人がそうなれるとは限りませんが、特定専門分野を生かした働き方をする人は、あまり場所や組織に縛られなくなってくるだろうと考えられます。自分が一番心地よい、あるいは知的好奇心を満たせるような場所を選んで、職住近接の働き方をするようになるのではないでしょうか。

その時は、通勤モデルではなくて、鉄道などのモビリティを比較的短い距離でも頻繁に使ってもらう「交流モデル」が成立してくるでしょう。そうした時にも東急沿線を選んでもらうために大事なのは、地域に最適な投資や開発を行って、魅力的な場所（ハニースポット）をつくりだしていくことがキーポイントになります。つまり今の二子玉川のように、働く場所に幅を広げ、もう少し居住地に近いところでも自分らしく楽しく働ける環境を整備していくことです。

二子玉川ライズの楽天もその成長スピードにオフィス床が足りないと事態になってい

ますが、今後もこの流れは加速していくことが期待されます。ライズほど大きなビルを造らなくても、シェアオフィスやスモールオフィス、コワーキングスペースなどを造ることでも働く場所はどんどん広がっていきます。

大事なのは同じ方向を見ること

洗足、田園調布から多摩田園都市の開発へとそこで得た資金を繰り返し沿線に再投資して東急電鉄は大きくなりました。

東急グループ企業もそれに伴って成長してきました。建設・設備を司る会社、不動産関連ビジネスの会社、流通部門を担う会社、お買い物などの決済機能を持つ会社、広告や情報発信で伸びた会社、沿線住民が求める生活サービスを提供する会社、身の回りや安全安心を守る会社など、実にさまざまな産業群が生まれました。最近では住民のお宅まで御用聞きをするサービスや高齢化に対応した施設サービスをご提供する会社、さらには電気やガスを販売する会社まであります。

グループ経営と言いつつも、市場が拡大してきた時代には各社各様のやり方でやればそれぞれが成長できました。

これからは都市も縮退し、マーケットもあまり拡大しない時代です。

東急グループは東急沿線の同じお客様を相手に商売をしているケースがほとんどです。それならばお客様のライフステージ、生活パターン、趣味嗜好に合わせて、どこの場面でもタイムリーにサービスを提供できるようになることが望ましいのではないでしょうか。お客様のライフタイムバリューの中で貢献できる企業群にシフトしていかなくてはいけないのです。

新規顧客の開拓はもちろんですが、一度東急のサービスをご利用いただいて顧客になった方との良好な関係を維持するほうが、企業にとってははるかに効率的で、長期にわたり安定した収益をもたらしてくれます。「ひとつの東急」とは、随分前から標語として掲げられてきた言葉ではありますが、真にお客様目線で東急がひとつになることが重要です。

東急グループは五島昇という偉大な経営者を失ってから暫く迷走しました。それでもバブル崩壊やリーマン・ショックなど、何度かあった経済の波を乗り越えてきたおかげで、企業体質もかつてと比べるとかなり筋肉質になってきたのではないかと思います。以前は純血主義でしたが、いまでは多くの中途入社の社員も増え、各自の経験、能力を活かして東急グループの成長に貢献してくれています。特にこの10年は大きなまちづくりビジョンをグループ全体で共有しながら、経営資源を適切に管理して成長することができてきています。

目指すべきは私鉄3・0

東急グループの課題を考えてみると、グループ全体がサービス産業中心であるため、労働集約型の企業が多いところです。ひとつひとつの仕事を丁寧に各スタッフが提供するサービスレベルは悪くないのですが、これからの労働力不足やお客様の多様なニーズに対応していくためには、もう少しＩｏＴやＡＩ、ロボットなどのテクノロジーも活用して効果的にサービスを提供してくことが求められます。

例えば、東急沿線に住んでもらっているならば、その方の購買履歴や行動パターンを把握することは比較的容易です。もちろん個人情報の管理は必須ですが、お客様にとっても何度も同じ書類を書かされたり、同じことを質問されるというのはあまり快適なことではありません。

痒いところに手が届く、過剰にならない程度にタイムリーに自分のニーズにあったサービスが受けられる、使えば使うほど自分を優遇してくれるというサービスを受けられるのであれば決して悪い気はしないでしょう。

私はこれこそが特定のエリアをテリトリーと認識して沿線経営していく私鉄が次に目指すスタイルではないかと思います。私はこれを「私鉄ビジネスモデル３・０」と呼びたいと思います。

「私鉄ビジネスモデル１・０」は、郊外で宅地販売して、住民に電車通勤してもらい、都心で買い物をしてもらう。かつて小林一三が築いたスタイルです。

「２・０」は、郊外は再生ステージに入り、中間エリアを中心に職住近接のワーク＆ラ

◆私鉄1.0、2.0、3.0のビジネスモデル

【私鉄1.0のビジネスモデル】

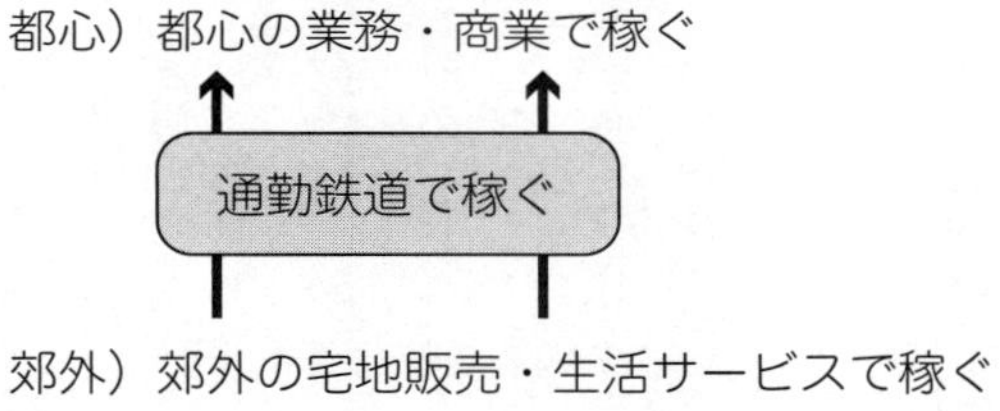

【私鉄2.0のビジネスモデル】

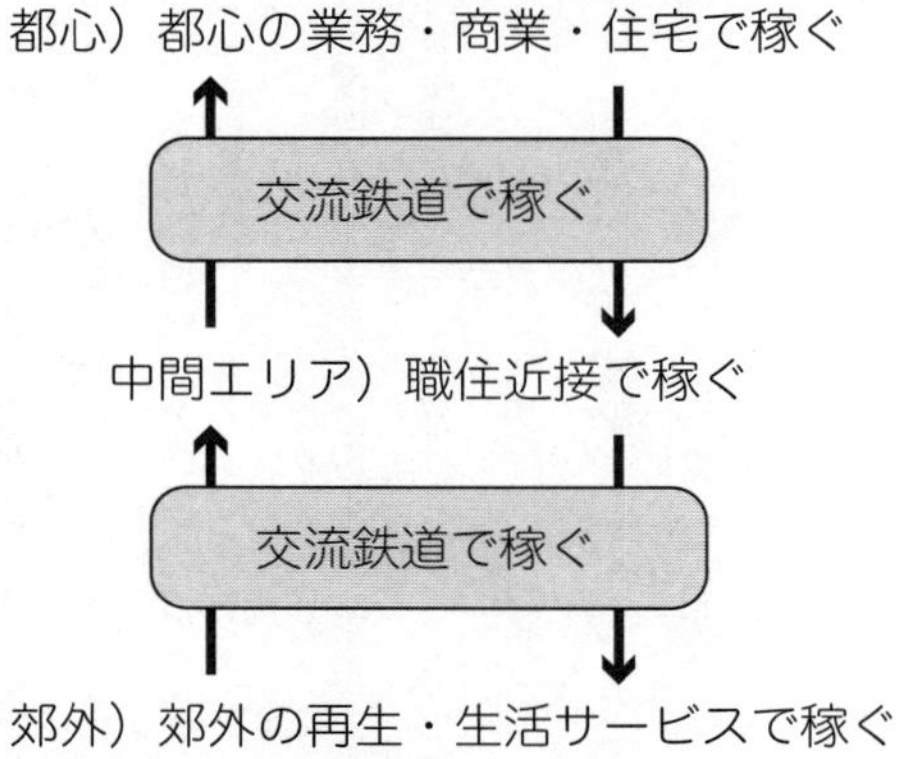

【私鉄3.0のビジネスモデル】

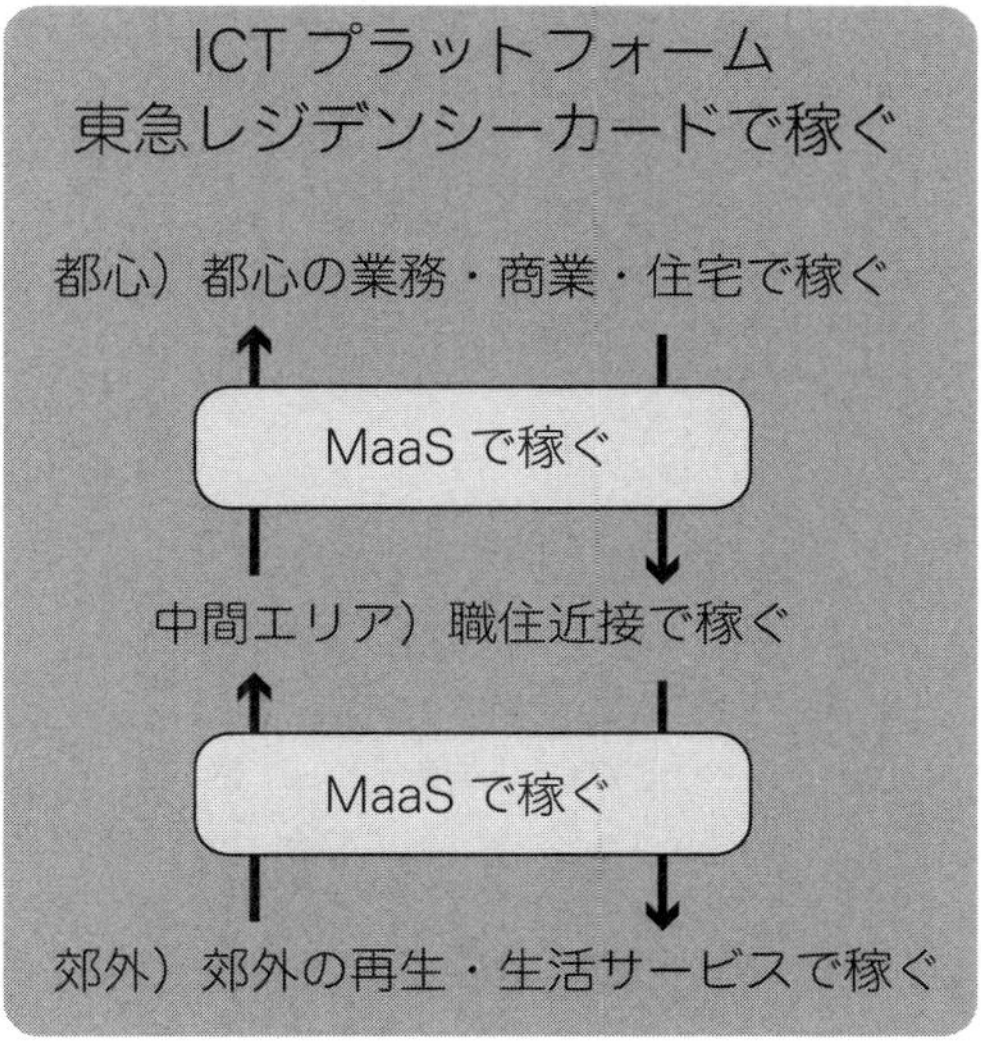

イフスタイルを確立し、鉄道は交流鉄道となる。現在、まさに私たちが取り組んでいるものです。

「3・0」になると、ひとつのICTプラットフォームによって、東急グループの各種サービスが沿線住民・利用者のTPOに合わせてスマートに提供される。

　繰り返しになりますが、私鉄各社のサービスは、結局まだ小林一三のモデルから離れられていません。せいぜい進化しても1・2か1・5くらいでしょう。

東急電鉄が2018年に発表した新経営計画では、「2・0に移行する事業体となること」を初めてはっきりと目標に掲げました。現在東急沿線の各所で展開している事業をきちんと遂行していけば、近い将来、ある程度2・0に近い水準には到達できると考えていますが、東急であってもそのモデルはまだ完成していません。

100年やってもまだ先人が描いたモデルから脱却できないというのは悔しいことです。2022年には東急電鉄も公式な100周年を迎えるにあたり、次の100年に向かって少しでも早く3・0に近づけるようにさらに多くの議論と努力を重ねていく必要があります。

私鉄ビジネスモデル3・0を実現させるために必要なこと

私が構想する私鉄3・0の鍵は「クレジットカード」「東急ポイント」「東急ロイヤル

クラブ」といった現在東急が展開している顧客との決済機能やポイントシステムを基盤としていくことです。それを軸にして各グループ企業のサービスが統合的にシステム連携していくことです。

私は世界の中でもいち早く電子立国を宣言して急成長している国、エストニアを2017年に訪問しました。

国も小さく、資源も限られているエストニアでは、国家運営を効率化して、競争優位の源泉とすべく「e-residency」というシステムを開発しました。平たくいうと日本のマイナンバーのように全国民にIDを付与して、国民が享受する国や自治体のサービスを安全快適便利に利用できる仕組みのことです。

残念ながら日本のマイナンバー制度は税金の捕捉だけに使われるイメージが強くて、あまり国民に浸透していません。

しかし、エストニアのシステムの素晴らしいところは、一定のルールの中で民間にもサービスを開放しているところです。このイメージをまず東急沿線の中で共有して運用できるようにしていければと期待してます。

もうひとつは「ＭａａＳ（Mobility as a Service）」です。東急グループは現在交通事業としては鉄道とバス会社しか運営していませんが、今後は沿線住民や利用者の利便性向上のために、利用者のＴＰＯに合わせて好きなモビリティが選べてストレスなく利用できるようなシステムの構築を目指します。この仕組みが用意できれば、高齢者となって免許を返納しようが、自分の生活パターン、ニーズに合わせて誰にでも「移動する自由」が保証されることになるでしょう。

実際に２０１９年１月から、次世代郊外まちづくりを展開するたまプラーザにて、郊外型ＭａａＳの社会実験を開始します。ハイグレード通勤バス、オンデマンドバス、パーソナルモビリティ、カーシェアの四つのモビリティを組み合わせて、いつでも安心して移動できるモビリティサービスの構築を目指しています。私たちの今後のライバルはもはや同業者ではなく異業種かもしれません。もちろんパートナーにもなりうると思っています。

大事な働き方改革

昨今、働き方改革が叫ばれていますが、東急にもそれは必要だと痛感しています。時間だけの問題ではなく、場所だけの問題でもありません。

これからの東急電鉄が大きく成長してくためには、純血主義、自前主義では限界があると思っています。

私はキャリアの中で主に戦略企画策定、新規事業開発の仕事が多かったので、必然的に社外のユニークなアイデアや技術をもった方と接触する機会に多く恵まれてきました。人脈も東急電鉄の一般社員より幅広く、変わった経歴や業種の方とも接点をもっています。

これからの複雑系社会においては、同じ業界内、同質なタイプの人とばかり付き合っていてはだめです。外部の知を上手に利用し、協働していくことが大切になるからです。

２０１５年には「東急アクセラレートプログラム（ＴＡＰ）」というベンチャー企業支援、協働のためのプログラムを立ち上げました。

今でこそいろいろな業界で同様のプログラムが立ち上げられていますが、他社の場合は主に有望な企業を見つけては投資する、買収するというケースが多いと思います。TAPのユニークな点は、先方企業の技術、サービスを東急グループの企業内でテストマーケティングしてもらい、ウィン・ウィンの効果があればさらなる協業やマイナー出資をしていくというものです。

東急グループ各社にはテクノロジーに弱い企業が多いので、そこにベンチャーのアイデアや新技術を入れていきます。ベンチャー企業側も最近は金余り時代なので、出資よりも自分たちの技術、サービスを実際にマーケットで試すことができることの方に価値を見出します。

このプログラムも4年目を迎えました。まだまだ小さな芽ですが、こうした継続的な取り組みによって、いつか東急グループのビジネスモデルにも破壊的イノベーションが起きることを楽しみにしています。

東急の軸はまちづくりと鉄道、そして生活サービス

五島慶太が発表した「城西南地区開発趣意書」。以降、多摩田園都市に関して、ほぼ10年おきに修正したプランを発表してきました。それぞれのプランは斬新であり、時代を先取りしたアイデアも含まれていましたが、残念ながら時代の流れやその他の事情で、そのままの形で実現することはありませんでした。

私たちは理想を追うまちづくりデベロッパーだったはずなのに、バブル経済崩壊後は目の前の負の遺産の処理に翻弄され、あるべきまちづくりのための再投資ではなく、グループ企業の損失を補てんすることに終始していました。その時多摩田園都市の土地は困った時に取り崩す埋蔵金のような扱いを受けていました。

それでも、最近の10年くらいは地に足をつけて、東急沿線にしっかりと投資をして、「訪れたい街」「働きたい街」「住みたい街」を造っていけるように社内風土も変わってきたと感じます。

渋谷は「エンタテイメントシティSHIBUYA」を標榜して、「日本一訪れたい街」

にしていくべく、この数年来ビッグプロジェクトを立て続けに世に送り出しています。

２０１７年の「SHIBUYA CAST」、２０１８年の「SHIBUYA STREAM」と「SHIBUYA BRIDGE」、そして２０１９年秋には、２３０ｍという渋谷で最高の高さを誇るビル「SHIBUYA SCRAMBLE SQUARE（第Ⅰ期東棟）」が渋谷駅直上でいよいよ開業します。14、45、46階と屋上にはそれぞれ展望施設が設けられますが、特に屋上展望空間は「SHIBUYA SKY」と命名されて、３６０。のパノラマビューを楽しめる圧倒的解放感、浮遊感を楽しめる渋谷の観光新名所となります。

二子玉川をはじめ、渋谷、自由が丘を結んだ「プラチナトライアングル」エリアや多摩川流域では、新しい発想で「働く」環境を整えていき、「日本一働きたい街」の実現を目指していきます。

長年主力事業を展開してきた多摩田園都市については、街の老朽化と人口の高齢化に対処すべく「次世代郊外まちづくり」を横展開していき、郊外住宅地の再生を急ぎます。20世紀の郊外住宅地への復旧ではなく、21世紀にも耐え得る新たな郊外ワーク&ライフスタイルの提案をしながら、郊外の魅力の再定義をして「日本一住みたい街」に生まれ変わらせていきます。

２０１８年に発表した中期経営企画のスローガンは「Make the sustainable growth（持続可能な成長を目指して）」です。「サスティナブルな街づくり」「サスティナブルな企業づくり」「サスティナブルな人づくり」を基本方針に掲げて、次の１００年も持続的な成長を目指していくことになります。それに必要なのは、あまりに性急で短期的な利益を追い過ぎないことです。

東急グループが過去１００年近く沿線密着で成長してこられたのは、やはり鉄道と一体となった都市開発のおかげだと思います。「鉄道」と「都市開発」はあざなえる縄のごとし。そこに「生活サービス」を加えた３つの柱がこれからの東急の要になります。２０１８年９月、東急電鉄は２０１９年９月を目途に鉄道事業を分社化する発表をしました。これは高度化・多様化する顧客ニーズ等、事業環境の変化に対して、一層のスピード感をもって対応することの重要性を認識し、新たな付加価値創造による事業拡大を目指すための経営判断です。

これはいみじくも東急という企業の本質が「まちづくりデベロッパー」であることの

証左でもあると言えます。

しかし、例え鉄道事業を機能的に分社化したとしても、東急グループは引き続き3本の事業の柱を統合的に経営していくことによってのみ、その最大のパフォーマンスが発揮できるのです。これからも持続可能な発展を続けていけるよう、私たちは沿線開発・都市経営に対してあらゆる努力を惜しまないつもりです。

おわりに

東急電鉄南平台本社の入口脇には2体の胸像が建っています。左が五島慶太、右が五島昇です。毎日厳しくも温かい眼差しで東急の後輩達の活躍ぶりを見つめています。しかし、いまこの胸像の前を通る社員たちは、五島親子の像からどういったメッセージを受け取っているでしょうか。

私は五島昇会長とは、入社面接、入社式、そして亡くなる直前の療養中の姿を偶然見かけるということがあり、都合三度お会いしただけです。私より若い世代の社員たちが五島昇のことを知らなくても仕方ありません。

また東急の屋台骨を支えてきた土地区画整理事業も私以降の世代ではほぼ経験していません。

最近は世代交代とともに多くの中途入社社員も増えました。そんな中で間もなく創業

100周年を迎える東急がどういう歴史的経緯を経ていまの姿になったのかをよく知らない社員も増えてきました。

一世紀にわたる会社の歴史をたった一人の人間が語り尽くせるものではありません。しかし、いまこの時点で東急のまちづくりの歴史と競争優位の源泉について誰かが語っておく必要があると思い筆を執りましたが、本書が会社の公式見解を代表しているものではありません。

私の理解不足や誤解があればご指摘いただきたいと思います。それによって東急の本当の姿をさらに理解することができると思います。

私は2018年3月末まで戦略事業部長という立場で都市創造本部の新中期経営計画策定作業を陣頭指揮してきました。過去の中期経営計画はその前の計画の時点焼き直しが中心でした。しかし、変化の激しい社会経済動向を見るにつけ、過去からのトレンド延長では東急の都市開発・経営事業は立ち行かないと感じていました。

そこで経営計画策定のほぼ1年前から都市本部横断で自発的に次の100年にも耐え得る骨太の新ビジネスモデルと経営計画を作るべく前例のない議論検討作業を進めてきました。今回本書にまとめたことは、そのほんの一部です。

渋沢親子、五島親子という稀代の経営者がリーダーシップを奮っていた頃の東急は野武士集団のようにアグレッシブでした。それがいつしかお公家さんのような上品で保守的な組織になってしまいました。しかしバブル崩壊後の経営危機を経て、戦略的で筋肉質の闘う集団に戻りつつあると思います。

かつて都市本部の売上の大半は不動産販売によって構成されていました。現在、8割ほどが不動産賃貸収入になっており、利益構造も一変しました。

エベネザー・ハワードが提唱した田園都市は「自立分散の衛星都市」でした。日本に輸入された田園都市は、主に私鉄が模倣したことで「通勤モデル」に変わりました。しかし社会の変化やテクノロジーの進歩により、日本でも「21世紀型の自立分散モデル」が産みだせる状況になってきました。

東急沿線のまちづくりは東急だけでやり遂げたものではありません。地域の方はもちろんのこと、自治体や学術機関、協力会社など実に多くの理解、協力者のお蔭で成り立っているものです。

これからはさらにベンチャー企業などの戦略的なパートナーと組んで、日本を代表する都市づくりに邁進していきたいと思います。

私は法学部出身で都市計画や建築などを学んだ者ではありません。入社後、自分がまちづくりに携わることになるとも思っていませんでした。そのため、若い頃は苦労も多かったですが、逆に固定概念にとらわれることなく、常にあるべきまちづくりの理想を追いながらチャレンジしてこられたと思っています。

もちろんたくさんの失敗をしながらですが、その全てが今の血肉になっています。若い世代の柔軟な発想とチャレンジ精神によって、次の100年のまちづくりを受け継いでいってもらいたいと期待しています。

最後にこの本の執筆を勧めていただいたパンダ舎のキンマサタカ氏、ワニブックスの小島副編集長には、辛抱強くサポートいただき感謝の念に堪えません。また、写真、図版などの収集・提供については、東急電鉄社長室広報部百年史編纂チームの天野恒夫氏の全面協力をいただきました。ありがとうございました。

2018年11月11日　渋沢栄一の命日にあとがきを書き終えるという縁に感謝して

東浦　亮典

私鉄3・0

沿線人気NO・1東急電鉄の戦略的ブランディング

著者　東浦亮典

2018年12月25日　初版発行

1961年東京生まれ。1985年に東京急行電鉄入社。自由が丘駅駅員、大井町線車掌研修を経て、都市開発部門に配属。その後一時、東急総合研究所出向。復職後、主に新規事業開発などを担当。町田市の『グランベリーモール』、賃貸コンセプトマンションブランド『TOP-PRIDE』、『クリエイティブ・シティ・コンソーシアム』、『次世代郊外まちづくり』、『東急アクセラレートプログラム』などの立ち上げにも関わる。また東急沿線の都市開発戦略策定、マーケティング、プロモーション、ブランディング、エリアマネジメントなども担当。現職は、執行役員　都市創造本部運営事業部長。共著に『現在知　郊外その危機と再生』(NHKブックス)、『地価下落時代に資産を守る!』(ベストセラーズ)がある。

発行者　横内正昭
編集人　内田克弥
発行所　株式会社ワニブックス
〒150-8482
東京都渋谷区恵比寿4-4-9えびす大黒ビル
電話　03-5449-2711(代表)
03-5449-2716(編集部)

装丁　橘田浩志(アティック)
帯デザイン　小口翔平+喜來詩織(tobufune)
構成　キンマサタカ(パンダ舎)
校正　玄冬書林
写真提供　新建築社、東京急行電鉄
編集　小島一平(ワニブックス)

印刷所　凸版印刷株式会社
DTP　有限会社　Sun Creative
製本所　ナショナル製本

ISBN 978-4-8470-6618-4
ワニブックスHP　http://www.wani.co.jp/
WANI BOOKOUT　http://www.wanibookout.com/